图说名人

《图说名人》编委会 编著

弗洛伊德

解梦人

SIGMUND FREUD

Jie Meng Ren

南海出版公司

图书在版编目（CIP）数据

解梦人——弗洛伊德 / 《图说名人》编委会编著.
-- 海口 ：南海出版公司，2015.9（2024.8重印）
ISBN 978-7-5442-7946-8

Ⅰ. ①解… Ⅱ. ①图… Ⅲ. ①弗洛伊德，S.（1856～1939）－传记 Ⅳ. ①K835.216.2

中国版本图书馆CIP数据核字（2015）第204884号

JIEMENGREN——FULUOYIDE
解梦人——弗洛伊德

编　　著　《图说名人》编委会
责任编辑　张蕾
出版发行　南海出版公司　电话：（0898）66568511（出版）
（0898）65350227（发行）
社　　址　海南省海口市海秀中路51号星华大厦五楼　　邮编：570206
电子信箱　nhpublishing@163.com
经　　销　新华书店
印　　刷　天津旭丰源印刷有限公司
开　　本　787毫米×1092毫米　1/16
印　　张　7
字　　数　80千
版　　次　2015年12月第1版　2024年8月第3次印刷
书　　号　ISBN 978-7-5442-7946-8
定　　价　36.00元

前言 TUSHUOMINGREN

西格蒙德·弗洛伊德（Sigmund Freud，1856—1939），近代奥地利著名的精神科、神经科医生，心理学家，精神分析学派的创始人。

弗洛伊德于1856年出生于现属捷克共和国的摩拉维亚的小镇夫来堡。他四岁时全家迁居到维也纳，他的一生几乎都是在那里度过的。弗洛伊德读书时就是一个出类拔萃的学生，1881年他在维也纳大学获得医学博士学位。在随后的十年中，他在法国一个精神病诊所行医，后来个人开业治疗神经病，同时致力于生理学的研究。

弗洛伊德对心理学做出了很大贡献，用简短的文字很难加以概括。他强调人的行为中的无意识思维过程极为重要。他证明了这样的过程如何影响梦的内容，如何造成常见的不幸，如口误，忘记人名，致伤的事故，甚至疾病。弗洛伊德创造了用精神分析来治疗精神病的方法。他系统地论述了人的个性结构学说，还发展和普及了一些心理学学说，如有关焦虑、防御功能、阉割情绪、抑制和升华等。他的著作引起了人们对心理学的极大兴趣，他的许多观点在过去和现在都存在着很大的争议。弗洛伊德为世人所知，也许是由于他提出了受抑制的性爱经常会引起精神病或神经病这一学说。他还指出，性爱和性欲始于早期儿童时期而不是成年时期。

从长远来看，人们也许会认为弗洛伊德作为心理学家所提出的学说并非十分正确，但是他显然是现代心理学发展过程中最有影响、最为重要的人物。

目录

CONTENTS

开拓精神分析理论

47

精神分析学的广泛应用

77

勤勉自信的少年

图　说　名　人

出身于犹太商人家庭

西格蒙德·弗洛伊德于1856年5月6日诞生于摩拉维亚一个名叫夫来堡的小城镇（现属于捷克共和国）一间位于休洛塞格斯街117号二楼的小房间里，那是他家的唯一住所，直到三年后他们才搬走。在这所房子里，住着他的父亲柯拉蒙·雅各伯、母亲亚玛莉和他。

西格蒙德诞生时，他的父亲雅各伯已经四十岁了。雅各伯和前妻曾生有两个男孩：伊马钮，生于1832年；菲力普，生于1836年。西格蒙德的母亲当时才二十岁，和她的继子一样大，甚至比她继子看起来更年轻。

夫来堡的居民中大约有四千多人是天主教徒，

※弗洛伊德故居的红砖房

名人名言

如果一个人成为他母亲无可否认的宝贝儿子，那么他一生都会拥有胜利的感觉。对于成功的自信心也一定很强，很少不能达到真正的成功。

——弗洛伊德

※孩提时代的弗洛伊德十分喜爱并经常接触大自然，他曾说这些满足了他“智慧上和美学上的需要”

一百人是新教徒，另外还有一百多位犹太人，这些人主要是德国国籍。由于在19世纪40年代，当地兴起了民族主义思想，因而他们遭到地方上某些反德国人的居民的仇视。虽然他们身处气氛自由的小小的商业城镇里，大多数犹太人和邻居也处得相当好，但是他们却生活得战战兢兢，唯恐随时会遭到不测。

弗洛伊德的家族迁到摩拉维亚夫来堡镇四年以后，雅各伯的祖父埃弗莱姆和雅各伯一样，都登记为加利肯的流浪犹太人，同时申请允许雅各伯做他的生意合伙人。就这样，祖孙一块儿经营布匹、羊毛、蜂蜜和兽脂的生意。

合伙的生意显然兴旺了几年。1852年底，雅各伯的两个儿子伊马钮和菲力普，也到夫来堡和他们会合。

夫来堡的自然景观和犹太人的意识形态都对弗洛伊德以后的生活产生了深刻的影响。从喀尔巴阡山一直延伸到他家附近的茂密森林，是他孩提时和父亲常去的地方，因而喜爱大自然风景的强烈感情不断在他内心滋长着。他成年时回顾道："这些都使我满足了智慧上和美学上的需要。"

他三岁时，全家迁离了夫来堡，环境的改变使他的心灵受到了创伤。他后来这样写道："我在都市里从未真正感到很舒服，我相信现在以至永远，我都不能释怀于对我们家附近美丽树林的渴望……"

和在弗洛伊德生长过程中的自然环境一样对其产生深刻影响的，是他那犹太人的血缘心理，像日出日落一样成为他生活的一部分。父亲雅各伯本性达观乐天，对他同胞们的宗教抱着怀疑的态度，这对弗洛伊德的影响不如母亲亚玛莉笃信宗教的态度深厚。年轻的弗洛伊德对犹太人的宗教很执著，长大以后，他把民族的重要性看得仅次于他的"精神分析"。他经常强调"我的父母亲是犹太人，我自己也一直保存有犹太人的传统"。

他们次年到达了维也纳，在维也纳的一所简陋公寓定居下来。不久就生下了另一个女儿罗莎。

接下去的几年里，亚玛莉又生下了三个女儿和一个儿子，1861年生玛丽，次年生亚多芬，再一年生宝莲，1866年又生了小弟弟亚历山大，现在他们家有七个子女了，一家人首先搬到彼勒卑夫街，然后又搬到菲佛尔街。

西格蒙德先在家里接受父母的教育，然后在私立学校就读了一段时间，最后到当地的公立学校就读。他学习成绩一直名列前茅。

弗洛伊德九岁时，通过考试进入了李波史达德社区学校。他成绩优异，并在十七岁时毕业。

他接受的是严格的古典文化教育。对拉丁文和希腊文的扎实学习使他开阔了眼界，同时也让他了解了古代的世界，因而他对考古学产生了兴趣。他还具有以简单的句子

年幼的弗洛伊德

来表达复杂观念的能力，同学大都难以望其项背。

他也学会了法文和英文，在空暇时还自修西班牙文和意大利文。他对自然科学的兴趣可能是由《动物的生命史》这本书所引发的，那是他十一岁时从学校得来的奖品。他在城郊树林里独自散步时，往往会搜集许多植物和花卉的标本带回家中。

在妹妹安娜的记忆里，她哥哥带回家的男孩子，都是喜欢切磋功课的朋友而非玩伴。由此我们可以清楚地知道，少年弗洛伊德是一个用功、执著、决心想成功的孩子。

弗洛伊德也和他的同龄男孩一样，被军事冒险所吸引。男孩子们不论学习好坏都喜欢玩军人的游戏，弗洛伊德也不例外。他最早读的书中有一本是法国作家狄亚尔的《帝国和执行官的历史》。许多年以后，他还记得他如何在木头步兵背上贴上标签，然后在上面写上拿破仑手下大将们的名字。拿破仑是他早年心目中的英雄人物，马塞那（拿破仑的大将）和亚历山大大帝也是。他将他们的英勇事迹背得滚瓜烂熟。

弗洛伊德对军事的兴趣持久不衰，四年以后普法战争爆发了，他在桌子上放上一张战场地图，在

※卢西安·弗洛伊德：弗洛伊德的孙子

两军对垒处画上有颜色的旗子。他的妹妹安娜曾说："我哥哥这么做时，还向我和妹妹罗莎讲述战事的一般情况以及军队一举一动的重要性。"

弗洛伊德经常对他的妹妹们高谈阔论。他是母亲的长子，处于最受宠爱的地位，所以他在家里享有很多的权利，而他也毫不犹豫地去使用。他的母亲把他看成"似黄金般的西格"，是她心目中的好儿子，而且家里的人也都这样认为。家里很多事情都以他的想法为标准，尤其是他以最高的荣誉从中学毕业以后更是如此。作为母亲最钟爱的儿子，他在家里的好处相当多。弗洛伊德后来回忆时谈道："如果一个人成为他母亲无可否认的宝贝儿子，那么他一生都会拥有胜利的感觉。对于成功的自信心也一定很强，很少不能达到真正的成功。"

他的弟弟妹妹越来越多，全家又搬到一幢较大的公寓去，别的孩子睡房里只能点蜡烛，而他却有煤油灯。妹妹安娜开始学钢琴时，他埋怨钢琴声太吵，最后妈妈竟完全顺从了他的意愿。安娜这样写道："他向妈妈提出抗议，说若不把钢琴搬开，他就要离家出走。结果钢琴果然不见了！"此外，妹妹说哥哥对她的阅读实行绝对管制："如果他认为我看的书不适合像我这样年纪的女孩子阅读，他便会说：'安娜，你现在看那本书为时太早！'"

※六岁时的弗洛伊德与他的父亲合照于维也纳

弗洛伊德对他的家庭，尤其是对妹妹的态度，是他相信命运操纵在自己手里的早期征兆。他后来这样写道："我似乎记得在整个的这段时期中，我已预感到我的前面有着很多的责任。我在离开中学前写的临别作文中曾明白地表示：希望在有生之年，能对于人类的知识有所贡献。"

立志于自然科学研究

弗洛伊德十六岁时，已经是一个风度翩翩、神采飞扬的美少年了。除了浓黑的头发和晶莹剔透的黑眼珠外，他还有着充满自信的表情。他那“蛀书虫”的名声以及与人交往时的认真态度、端庄自持，很容易赢得异性的好感。但是他在自传中几乎绝口不谈女人。这不禁使我们怀疑，这位标榜“性”在精神疾病上具有无比重要性的人，本身对性有多大的兴趣。

1872年9月，短暂的外出游历之后，弗洛伊德回到维也纳花了一年的时间苦读，准备升大学的考试。他选择的科系是法律，主要是因为他认为它能开启通往政界的大门，那是一个犹太人可能发挥影响力的少数场所之一。中产阶级“布格”政府的

※ 维也纳是一个风景秀丽的地方

知识链接

犹太人

犹太人，其祖先为希伯来人，是起源于阿拉伯半岛的游牧民族，属于闪米特人的一支，原始血缘上与阿拉伯人相近。主要信仰犹太教。以色列的《回归法》界定犹太人的身份是按母系相传为标准，凡是母亲是犹太人的，其子女都会被以色列承认为犹太人，有权移民以色列。

掌权，使它的前途更为看好。弗洛伊德的父亲曾经将一些他很尊敬的布格党人带回家，他们之中包括许多犹太人。对于年轻的弗洛伊德来说，似乎每一个犹太学生都有机会得到一个部长的职务。

另外一个使他想读法律系的缘由就是他与漠里克·布伦的同窗之谊（布伦后来成为社会主义的政治家）。他们两个人早已经成为莫逆之交，在布伦的影响下，弗洛伊德打算进入大学后选读法律。

但是，1873年初弗洛伊德又改变了主意。原因是他听了一次演讲，演讲人朗诵了一小段歌德写的《谈大自然》的诗，这使他下定决

※诗人歌德

心到医学院注册学习。

1873年3月17日，弗洛伊德向还没有搬离夫来堡的友人依弥儿·佛鲁斯透露道："我要告诉你一个可能是我生命中最重要的消息……但是我还没有作最后的决定。"仅仅六个星期以后，他便下定决心放弃法律。他写信给佛鲁斯道："我已经决定了，要成为一个自然科学家，因此我在这里撤销以前答应为你进行诉讼的承诺。我将要深入研究古老大自然的奥秘，也许甚至可能窥探她永恒的过程，而且把我研究的成果分享给任何愿意学习的人。"

从法律转移到自然科学，被后人解释为从管辖人类转移到控制大自然。此外，或许还有别的考虑，

自然科学家达尔文

比如弗洛伊德家的经济情况足以将“似黄金的西格”引导到需要许多金钱支持的法律界吗?那些一板一眼的法律辩论真的那么吸引人吗?而且即使仕途的滋味吸引了他，法庭真是他最能施展领导才能的地方吗?

当弗洛伊德做最后决定时，一定是认为科学毕竟可能是帮助他赢得名声的一条路。也许他甚至能像达尔文一样创造出改变世界的理论。事实上，无论如何，有朝一日一定要在某一领域有如此的成就，这是他时时刻刻没有放弃过的信念。他最不能忍受的，就是那些不重视他的人的无知。他所希望的，不只是表面的认可，而是毫无保留的认可。在他一生中，他最怕的是他的工作被人忽视，他的名字被人遗忘；他喜欢跟随他的人，常常给他们奖赏，但是有时候他的抱怨却几乎近于虚假。弗洛伊德从不怀疑天将降大任于他，他那做领袖的外衣似乎是定做的。现在他虽然放弃了经由法庭引至政府机关的路途，还不知道未来的命运是什么，但是他却知道：那必须要付出相当大的代价。

然而，弗洛伊德所决定的只不过是放弃法律选择自然科学，而暂未选择医学。在这一段时间里，他曾经写道：“我在那个时候，或者在我往后的日子里，都不曾特别钟情于医生这种工作。”但这位少年后来却成为世界上最著名的医生，这与他最初的想法是不一致的。

上维也纳大学

弗洛伊德以极高的分数通过了大学入学考试以后，于1873年秋天进入维也纳大学医学院，这使他有了更多的选择空间，因为这个学院不仅培养希望成为医生的人，也同样致力于培养从事研究工作的人。

弗洛伊德有很长一段时间不让自己太固定走哪一条路。他经过了三年不很艰难但漂浮不定的选

※维也纳自然历史博物馆

课历程。常人通常花五年时间就可以毕业，而他却花了八年时间。当前途看似很黯淡时，他才集中精力投入到医学上面去。他有一次承认道：“我在幼年之时，根本不知道如何帮助受苦的人类。”

他的笔记透露出他在不停地探索，全神贯注于一些学科，以及研究一些可能给他带来成功的学科，这是他和别的同学大不相同的特点。另一个特点是他显然对女人没有兴趣。除此以外，正如他写给西伯史坦的信中所透露的：他是一个反对偶像崇拜的少年，他对于皇帝及其虚饰排场大为不满，藐视既有的宗教。他说，我也许和真正的意大利人一样憎恨教皇、祭司和安息日。他是一个典型的理想主义者，他偏激的热心经常融于保守主义里。

任何认为放弃法律和政治是不智之举的想法，很快就消失得无影无踪了。他高中时开始了解到一个寄人篱下的民族是怎样的一种滋味。现在，在大学里，他发现反对闪族的浪潮更加高涨了，但是这情况却给了他有用的教训。他叙述道：“我已经习惯了别人的反对以及被置于‘团结的大多数’限制情况下，我已经有了某种程度的独立判断能力。”

我们不能低估这种一直存在着的种族歧视对弗洛伊德的长期影响。这强化了他对成功的渴望，也强化了他的犹太人特质。不过他在学生时代，却很少觉得自己被抑制。

知识链接

反闪族主义

闪族人，又称闪米特人，是起源于阿拉伯半岛的游牧民族，是中东印欧人的一个分支。相传诺亚的儿子闪即为其祖先。阿拉伯人、犹太人都是闪米特人。今天生活在中东北非的大部分居民，就是阿拉伯化的古代闪米特人的后裔。尽管人口遗传学与历史学上使用“种族”这个字眼有着众多的争议，闪米特这一语族的定义却很明确，包括古代的阿卡德语跟其延伸的两种方言所分化的语言——亚述语和巴比伦语以及现代的阿拉伯语、阿姆哈拉语、亚拉姆语、希伯来语和马耳他语等。因此，所谓的反闪族主义就是反对阿拉伯人和犹太人的主义。其中包括宗教、国家及种族的成分。犹太人在历史上一直受到其他民族的反对。除了群众仇视的情绪之外，反闪族主义更以不公平的立法、驱逐，甚至屠杀的方式出现。

※弗洛伊德求学的维也纳也是著名的音乐圣地，有很多年轻人为了自己的音乐梦想来到维也纳

弗洛伊德花了很多笔墨，告诉西伯史坦他在大学的生活和工作。他经常提到哲学这门不是医科学生必修的课程。弗洛伊德偏好科学的研究。1874年夏天，他写信给西伯史坦说道：“我已经决定了，我父亲也同意，如果环境许可，冬季学期我要去柏林上柏伊斯·雷蒙、海姆豪兹和威尔乔教授的课。我高兴得好像一个小孩子，绝不会轻易放弃这个计划。”弗洛伊德选择这样两位生理学家和一位病理学家的课，足以显示他思想的转移方向。因种种原因，最后弗洛伊德放弃了赴柏林的计划，大概是因为环境的关系，也可能是经济上不许可。所以他在第三学期——1874年冬季，选了一门布兰他诺博士的哲学课。

布兰他诺的课的重要性不能一笔带过。这位哲学家的主要研究工作是“以经验主义的观点看心理学”。他发表了两篇冗长的讨论潜意识并反对它存在的论文。弗洛伊德开始认真地研究这一门课，以后一连四个学期，他上哲学课一直特别注重这个问题。当他和同伴约瑟·帕尼斯深入研究这个主题时，他对布兰他诺教授的尊敬日益增加。

弗洛伊德认真研究哲学，但他研究医学的倾向并未受到影响，反而由于英国之行而更加清晰。他的父母在两年前就提过这趟行程，大概子女通过了大学入学考试，当家

知识链接

心理学

心理学是研究人和动物心理现象发生、发展和活动规律的一门科学。心理学既研究动物的心理（研究动物心理主要是为了深层次地了解、预测人的心理的发生、发展的规律），也研究人的心理，而以人的心理现象为主要研究对象。总而言之，心理学是研究心理现象和心理规律的一门科学。

※鳗　鱼

长的总会特别安排鼓励一下，这也是一种传统。但是，因为环境的影响，直到1875年，弗洛伊德才到了英国的曼彻斯特。他两个同父异母的哥哥十六年以前已移居该地。

我们不知道他在英国受到的最大影响是否来自他两个同父异母的哥哥，或是曼彻斯特的生活，还是他从未记载的一些特别的事情。总之，他回来以后就决心致力于医学研究。这是他的妹妹安娜后来透露的。她在老年时回忆道：“在英国，西格蒙德想清楚了，他立志回到维也纳后要攻读医学。父亲不满意这个决定，父亲说：‘西格蒙德的心太软，将来不能胜任这个工作。’但是哥哥已经下定决心，他当时打算做研究工作。他的回答是：‘我想要帮助受苦的人们！’”

1875年，弗洛伊德很高兴地回到了维也纳，开始迅速修改他的秋季学期计划。虽然他继续上布兰他诺教授的哲学课，但却花更多的时间在生理学、解剖学和实用动物学上。他开始在卡尔·克劳斯的比较

知识链接

维也纳大学

维也纳大学坐落在奥地利的首都维也纳，始建于公元1365年，是奥地利历史最悠久的大学，也是德语区国家最古老的大学之一，是二十七位诺贝尔奖获得者的母校，也是奥地利最大的大学，欧洲最大的大学之一。大学有八十多处校舍，分散在维也纳各区。维也纳市立医院——这一世界著名的现代化医院也隶属于维也纳大学。大学的雏形最初在1365年3月12日由公爵鲁道夫四世和他的兄弟阿尔伯莱希特三世及利奥波德三世创建。它是当时神圣罗马帝国的第二所大学，同时也是世界上第二所德语大学（第一所是布拉格大学），最初开办时是仿照巴黎大学的模式。1383年维也纳大学经营不佳，由鲁道夫四世的弟弟阿尔伯莱希特三世捐款，改革校内行政，成为东部德语地区一流的大学。维也纳大学目前拥有八个系，共设一百一十多个专业：动脉学、非洲学、古代史和古代文化学、古犹太哲学和中东考古学、英国语言和文学、美洲学、阿拉伯学、天文学、企业管理、植物学、遗传学、人类生物学、微生物学、生态学、古生物学、动物学、生物学和地球学、生物学和商品学、古希腊学、生物化学、化学、食品化学、德国哲学、地质学、矿物学和结晶学、石油学、营养学、匈牙利语、法语、地理学、经济学、地图学、宇宙研究和宇宙规则、历史、历史和社会学、营养学、信息学、国际企业管理、意大利语、艺术史、数学、医学、地球物理学、气象学、音乐学、教育学、音乐教育、药学、教育学和心理学、物理、政治学、心理学、新闻和传播学、大众传媒、传媒艺术、人文学、统计学、普通语言学、应用语言学、戏剧学、翻译教育、比较文学、国民经济等。

维也纳大学有来自世界各地一百多个国家的约八万七千名国内外的莘莘学子，这里约有一万名专职教授、客座教授、助理教授以及其他工作人员从事教学和研究活动。大学的教学和研究水平之高，使其成为奥地利最大的高等教育学府，也是世界上最著名、历史最悠久的多元化巨型学府和科学殿堂之一。

维也纳大学拥有悠久的历史，严谨和积极进取的学风，曾为世界输送了大量的政界风云人物、科学巨匠和艺术大师。如：

奥地利政治家、前总理和总统伦纳；

联合国前秘书长、奥地利共和国前任总统瓦尔德海姆；

历史学家、奥地利前总理西诺瓦茨；

物理学家多普勒；

遗传学家孟德尔；

精神分析创立人弗洛伊德；

病理、免疫学家、诺贝尔奖获得者兰茨泰纳；

德国生物学家贝尔；

物理学家、诺贝尔奖获得者斯丁格等。

可以毫不夸张地说，维也纳大学是中欧和多瑙河地区繁荣的学术研究中心、欧洲的科学“麦加”，是培养精英和巨匠的摇篮之一。

解剖学研究室上课。克劳斯两年以前刚从哥廷根来到维也纳，对未来充满了信心，计划使研究室赶上时代；他在1876年3月把他想要解决的第一个原始实验交给了弗洛伊德。

两年以前，波兰的科学家西蒙·塞尔斯基博士宣布他在公鳗鱼身上已经找到了一个小小的瓣状突起器官，即睾丸。而克劳斯要弗洛伊德做的，就是察看那位波兰人的观察结果是否正确。弗洛伊德后来写道：“没有人发现过一条成熟的公鳗鱼，尽管许多世纪以来有无数的人在努力，但依然没有人看到过鳗鱼的睾丸。”现在，塞尔斯基博士已经找到了一个小小的瓣状突起器官，似乎就是那令人难以捉摸的睾丸。

大部分实验工作，克劳斯都是在一特定的动物实验室进行。弗洛伊德跟随克劳斯进行了两个学期的实验。克劳斯每学期会选派优秀学生到他的实验室去。弗洛伊德一连两学期被选派的事实，说明了克劳斯对他的能力极为赏识。

弗洛伊德于1876年9月间回到了维也纳，带回了他第一篇科学报告的材料。克劳斯于1877年3月向科学学术会提交了这份报告。弗洛伊德做得非常好。那份报告被人形容为“一直是很自信的，有些地方甚至于自负”的证实了塞尔斯基的论点。但是几个月以后，弗洛伊德就离开了克劳斯，以一个研究生身份投入生理学家恩斯特·布鲁克的生理学研究室。这个行动对弗洛伊德个人命运有重要意义。

恩斯特·布鲁克对于他的年轻学生有着无比深远的影响。他是一个特殊的人，赢得了弗洛伊德的“敬”和“爱”。他身材矮小，一头红发，清澈的蓝眼睛，总是带着令人难以捉摸的微笑。弗洛伊德认为他是自己所遇见的最伟大的权威学者。在布鲁克的实验室里，弗洛伊德度过了他生平最快乐的时光。

弗洛伊德从克劳斯门下转到布鲁克门下最可能的理由是：受了海姆豪兹学派（海姆豪兹是当时著名的生理学家）的影响，而布鲁克就是其中极热心的一员。也可能是因为他对研究动物学时不可避免的脏乱产生了反感。

不论弗洛伊德转到布鲁克研究室的复杂理由是什么，但他不曾后悔过。他后来回忆道：“在恩斯特·布鲁克的生理学研究室里，我终于找到了归宿和全然的满足。我也遇见了值得尊敬和引为典范的人们。”

在布鲁克的研究室里，弗洛伊德见到了约瑟·布劳尔，他被誉为“创造精神分析”的医生。布劳尔比弗洛伊德大十四岁，1871年就在维也纳开了一个私人诊所，两人见面时布劳尔的事业正如日中天。

弗洛伊德加入时，布鲁克的研究室极为简陋。研究机构设在原制造枪械的建筑物的地下室和一楼，里面有一间演讲大厅、两个邻接的小办公室和几间小房间，有些房间甚至没有灯。加热化学药品必须用一个酒精灯，唯一的水源是一

※物种起源

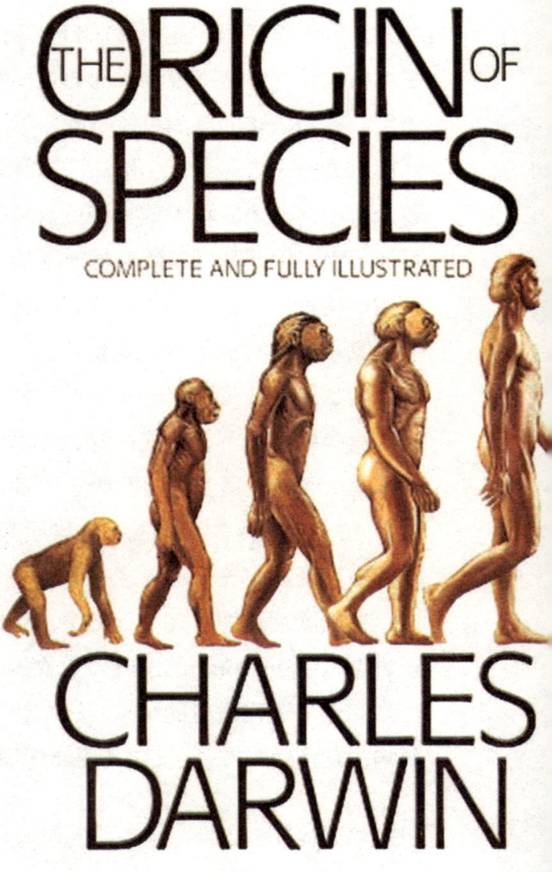

知识链接

达尔文

英国生物学家，进化论的主要奠基人。1809年2月12日生于英国什鲁斯伯里，1882年4月19日卒于英国肯特郡。1831年毕业于剑桥大学，同年12月27日参加英国海军贝格尔军舰环绕世界的考察航行，先在南美洲东海岸的巴西、阿根廷等地和西海岸及相邻的岛屿上考察，然后跨太平洋至大洋洲，继而越过印度洋到达南非，再绕好望角经大西洋回到巴西，最后于1836年10月2日返抵英国。

※老年时期的达尔文

回国后，他在多病的情况下坚持整理了考察中收集的大量资料，陆续发表了有关生物学及地质学的考察报告。这五年的旅行考察促使他思索物种起源的问题。他研究了各方面的大量证据，逐渐认识到，形形色色的物种实际都是由共同祖先进化而来的。他通过植物栽培和家畜驯养的事例，感到进化的原因可能是大自然对生物采取了类似的选择方式——去劣存优。他还注意到，生物界中普遍存在着个体差异；适应环境的物种可以滋生繁衍，不适应的则可能灭绝。他又从马尔萨斯的《人口论》中得到启示：每一物种均有巨大的繁殖力，但存活者只占极少数，这说明自然界中存在着激烈的生存竞争，这种竞争造成大量死亡，从而维持了种群数目的相对稳定。经过多年的探索，他逐渐形成了一个系统的进化思想：生物界本来就存在着个体差异，在生存竞争的压力下，适者生存，不适者被淘汰；物种所保留的有利性状在世代传递过程中逐渐积累，经过性状分异和中间类型消失便形成新物种。

1859年11月24日他的《物种起源》出版了，书中详细介绍了他二十年来收集到的丰富证据，充分论证了生物的进化，并明确提出自然选择学说来说明进化机理。书出版后迅即售完，在社会上引起极大反响。进化论的出现使生物界的种种现象都得到一个统一的解释：生物的一致性可以用共同祖先来说明；物种的多样性则完全是进化适应的结果。进化论的出现在哲学和社会科学领域中产生了极大影响，它猛烈冲击了当时支配思想领域的神学观念。

口井，每天早晨由专人汲取。布鲁克在环境非常艰苦的情况下开展研究，为维也纳成为医学中心奠定了坚实的基础。在这里，弗洛伊德开始由研究神经细胞入手，再由对神经性疾病的研究进入对神经性官能病的探讨，最后他致力于分析人的思想和意志的工作。

弗洛伊德的第一个工作，是研究八目鳗幼鱼的脊髓中的大神经细胞，这个研究对生物学有重大意义，因为它和被人争论不已的达尔文《物种起源》中的假设有关联。达尔文的进化论认为“高等动物是由低等动物进化而来”。如果达尔文的学说正确的话，那么人类的神经系统虽然有着比低等生物更为复杂的构造，却应该有相似的基因。

1880年，他将研究的范围伸到对淡水蟹的神经系统的研究。这项工作使他窥见神经系统解剖上和功能上的单位是单一的细胞加上它的延伸。这个发现直到1884年才被威汉·华德耶发扬光大。

每个身体健康的奥地利男人都要入军营两次，1880年弗洛伊德也必须接受一年的义务兵役征招。对于医学院的学生来说，这一年真是索然无味，他们的主要任务是在军医院中值班，下班以后仍可待在家里。可是，由于弗洛伊德连续八次没有请假便外出，在1880年5月6日，也就是他二十四岁生日时，他被宪兵逮捕了。

但在他服役的这一年中，也有一些很得意的事情——他前几年热心地跟随布兰他诺做研究，现在开花结果了。他受委托将英国哲学家兼经济学家约翰·斯图亚特·密尔的著作翻译成德文。

事情是这样的：

维也纳大学的历史系教授西奥德·冈柏正在编辑一套德文外国名著专集。准备开始第十二卷翻译工作的伊多德·威沙尔突然去世了，冈柏向布兰他诺提起他正在物色一个替代的人。弗洛伊德后来写道：“布兰他诺……提到我的名字。”在1880年秋冬季节，在弗洛伊德厌烦的服役中，至少因为担任这项学术上的工作，使他在精神上获得了舒缓。他翻译的方法是：阅读一个段落后把书合上，然后思考一个德国作家应如何表达同一个思想，最后才用德文写下。

弗洛伊德服役期满回到大学后，决定要得到医学博士学位。虽然他从英国旅行回来后就立志要帮助人类减轻痛苦，但却不见得对当医生有特别的兴趣。事实上，他自己也承认，他以漫不经心的态度去研究医学，曾经做各方面的医学研究，但却没有认真

※维也纳市立公园内的雕像

地静下心来好好想一想具体朝哪一方面发展。他从不怀疑自己身负重大的使命，但是，他仍然不能确定这个使命到底是什么。

他可以找到许多理由去鼓励自己争取医生的资格。比如他崇拜的许多科学家，大多数都得到了医学博士学位，而却不一定都开业行医。此外，他还考虑到他个人的名誉——很多认识他的人都认为他是一个游手好闲的人，而且怀疑他是否能通过大学毕业考试。

但弗洛伊德通过了考试。1881年春天，他在感人的毕业典礼中接受了医学博士学位。他的家人都出席了。

接触精神病理学

1882年7月，弗洛伊德进入维也纳总医院工作。刚开始的两个月，弗洛伊德觉得在外科病房工作非常累，而且他不喜欢那里的工作——可能因为讨厌看到血，于是就申请当赫曼·诺斯纳格的助手。

弗洛伊德和诺斯纳格见面时，带着他自己出版的报告和医院精神病学部主任梅纳特教授的介绍信。诺斯纳格看了这些后，对他印象非常好。一个星期后，弗洛伊德就被派到诺斯纳格的部门，待了六个半月，于1883年5月，加入梅纳特的精神医学科，前两个月在男病房，后三个月在女病房。10月，他转入皮肤科，后来又转入神经科，一直待到1885年夏天。

在梅纳特的精神医学科的五个月，是弗洛伊德在总医院中获益最多的一段时间。他的美国翻译家朋友布里尔指出：“如果他自己去摸索精神医学，一定会失望。可能早已经回到他原先打算研究的法律上去了。”

五个月即将结束时，弗洛伊德去拜访布劳尔时说：“我应该集中精力成为一个精神病学专家呢，还是应该朝一般医学上求发展？”他显然比较喜欢专攻精研，但是他知道那样一来会把自己局限在维也纳。而一般医学的机会更多，能使他早日有能力结婚。布劳尔的意见是要他先不要那么早做决定，

名人名言

人生就像弈棋，一步失误，满盘皆输，这是令人悲痛之事；而且人生还不如弈棋，不可能再来一局，也不可能悔棋。

——弗洛伊德

※古柯树

而是慢慢寻找真正能吸引他的学科，然后再去专攻，并且要他接受最终要做普通医生的事实。

拜访布劳尔后的第二天，弗洛伊德申请转到神经科。1884年元旦终于正式加入。不久，因为有两位医生被派去奥地利边境消灭霍乱，他便被暂时委任为主治医师，负责管理一百多个病人、两个护士和三位医生。

弗洛伊德曾经写道：“那时候，在维也纳的医学界很少有精神医学方面的专家，研究资料和文献分散在医院的许多不同部门里，没有令人满意的学习机会，我们不得不自己摸索前进……远方有沙考医生（巴黎沙比特里尔精神医院的吉恩·马丁·沙考博士）的大名在闪烁，因此我想好了，首先要设法获得在维也纳大学当脑神经病理学讲师的职务，然后再到巴黎去继续深造。”

在接触沙考以前，弗洛伊德的兴趣被一个德军春季演习的实验报告所吸引。阿森布兰德博士用可卡因——从古柯树的叶子提炼出来的兴奋剂来治疗衰竭的士兵。虽然可卡因在南美洲普遍地被印第安人使用，但在欧洲却一向被忽略，直到后来才被苏格兰的医师克里斯特生拿去做实验，结果竟使年老的他“比任何人都更能走路、跑步和爬山”。阿森布兰德首先认真地试验这种药，发现“巴伐利亚的士兵因为过度辛劳而疲惫不堪，但是服用了可卡因以后，就能精力充沛地参加演习和行军”。

弗洛伊德在《德国医药杂志》上读到了阿森布兰德的研究报告，便下定决心推广这种鲜为人知的药。

1884年元月底以前，他自己证实了阿森布兰德博士的研究结果。接着，他开始将可卡因赠给朋友、同事和病人，自己也重复地做实验。

除了做实验外，弗洛伊德同时尽可能地阅读所有关于可卡因的资料。他把结果归纳起来，在1884年7月发表了一篇报告，叙述可卡因早在原始民族间就开始使用，然后传到欧洲的历史。接着他讲到可卡因在动物和人类身上试验的效果和他自己实验的结果。他的结论是："可卡因可作为兴奋剂使用，它的主要目的是在短时间内加强体力，并且保存一些力量，以备将来的需要，而且它还具有麻醉效果。"

弗洛伊德又继续服用可卡因一年多，没有什么副作用，于是它成为局部性的麻醉药，并逐渐被人们所接受。但是，慢慢地，人们发现可卡因比其他药剂更容易使人上瘾，而且更具有危险性。不可避免的，反对可卡因的运动出现了。最著名的批评者是尔仁梅耶博士，他在1886年5月声称他很庆幸自己没有推荐可卡因作为戒除吗啡的药。后来他形容可卡因是"人类的第三祸害"（第一是酒精，第二是吗啡），于是弗洛伊德受到的攻击越来越多。

1885年9月，弗洛伊德成了大学里的讲师，得到了一笔旅行津贴，可以支付渴望已久的去巴黎拜访沙考之旅的路费。并且他决定冒险——在赴法国以前辞去总医院的职务，回国后自己开业行医。

弗洛伊德从维也纳大学的神经学系教授莫里兹·班尼迪克特那里得到了一封给沙考的介绍信。

※可以作为兴奋剂的可卡因

知识链接

可卡因

可卡因，其化学名称为苯甲基芽子碱，是最强的天然中枢兴奋剂。可卡因一般呈白色晶体状，无臭，味苦而麻。

可卡因的原料为“古柯”。古柯为灌木，是美洲大陆的一种传统种植作物。古柯产地的人滥用的是古柯叶和古柯浆，而其他地方滥用的是可卡因。

古柯树叶嚼起来虽然是苦的，但为当地的人们所喜爱。他们认为古柯可以使他们增加力量、驱除饥饿、减轻痛苦。因为古柯是一种高热能植物，每100克古柯叶中含热量1275焦（305卡路里）。当地人称古柯叶为“圣草”或“绿色的金子”。一个时期以来，美洲许多的成年男子习惯于咀嚼古柯叶，以减轻饥饿感和疲劳感。

※可卡因

可卡因对中枢神经系统产生一定的兴奋作用。兴奋初期，吸食者产生快感，感到飘飘欲仙、舒适无比，表现为洋洋得意、十分健谈。用药后的兴奋作用，产生了消除疲劳的感觉。这类兴奋感觉只能维持半个小时左右。随后，它对身体的抑制效应便出现了。吸食者为了恢复初期的体验，往往再用第二剂……乃至每十分钟使用一次，以维持“瘾劲”不致衰落。周而复始，剂量越用越大，使用越来越频繁，最后把吸食者带到毁灭的深渊。

小剂量的可卡因能导致心律缓慢。剂量增大后则心律增快，呼吸急促，可出现呕吐、震颤、痉挛、惊厥等现象。如果大剂量使用，则可导致死亡。仅一剂70毫克的纯可卡因，就可以使成年人当场丧命。

师从精神病名医沙考

弗洛伊德离开维也纳，开始了他一生中最重要的旅行。他首先到达温斯柏克。这次和他三年前的造访大不相同，这时候的他不再是一个刚刚从医学院毕业的二十六岁不知何去何从的学生了。他已经是维也纳大学的讲师。即便他的天才还没有显露出来，但至少他已经表现出一种成功的专职人员的气质。

弗洛伊德在温斯柏克很愉快地和玛莎度过了六个星期。1885年10月11日，他向巴黎进发，开始在吉

※法国巴黎

恩·马丁·沙考的门下进修，以发展自己的伟大事业。

他在10月13日抵达法国的首都巴黎，投宿在拉派艾克斯旅社时，发现玛莎的信已经寄来，于是马上回信。他觉得巴黎令人眼花缭乱，很想念玛莎，希望她能陪在自己的身边。他每隔一天写一封信——开始时比较勤快，后来也就疏懒了。

接下去的日子里，他尽力去适应环境，四处找比较便宜的住所，晚上又去戏院看戏，希望借此提升法文水平。

10月19日，弗洛伊德觉得各方面都准备妥当了，就去沙比特里尔医院。但是他出门时忘了带班尼迪克特为他写的介绍信，于是决定再等一天才去见沙考。他开始想念维

※在巴黎沙比特里尔医院的工作使弗洛伊德开始关注歇斯底里症。图为巴黎塞纳河风光

也纳的家，思念着玛莎，而且极端沮丧。他后来写道："除了某些主观和科学上的利益，我对于居留在这里不敢有很高的期望。因此，不要对我过分苛求。"

但在二十四小时之后，事情全都改变了。10月20日，弗洛伊德进入了沙比特里尔医院的大门，开始了改变他前程的四个月生活。

沙比特里尔医院建造于法王路易十三世当政时，最初是乞丐、妓女和疯人的收容所，后来是巴黎最大的妇女救济院。1850年以后，它容纳了四五千人，但仍然不像一家医院，而极像恐怖的"疯人院"。后来沙考开始改革它。他被聘为复健部的主任医师后，在里面增加了教育和训练部门，以及许多实验室，并设置了癫痫症和歇斯底里症病人的病房。1885年，他把这个机构变成了欧洲最著名的神经病理学研究中心。

弗洛伊德抵达沙比特里尔医院时，医生和门诊病人正在闲谈，他注视着正在为病人看病的沙考第一助手派里·马力，周围还有一群客座医生。10点钟时，沙考来了。

沙考有着运动员般的胸膛和牛一般的脖颈，他的相貌令人难忘。他的皮肤很白，胡须刮得很干净，额头很低，眼睛冷静澄澈，鹰钩

鼻，敏感性格者的嘴唇，很像一个古罗马帝国的皇帝。他生气时，眼睛发出令人可怕的闪电光芒，看过他这种眼神的人绝对忘不了他。他的声音带有权威性，语气严厉且经常是辛辣的。

那天早上，看完所有的门诊病人后，沙考叫弗洛伊德走上前来，看了看班尼迪克特介绍信上的签名，就邀请弗洛伊德陪他巡视医院。

那天晚上，弗洛伊德写信告诉玛莎说，每件事情都比他预料中的好。派里·马力向他保证，他会得到必需的材料以便开始工作，另外沙考自己写了一封信给一个同事，要求他供应儿童的脑子，以供弗洛伊德解剖并研究他们病发后的萎缩和退化症状。

弗洛伊德到沙比特里尔医院以前，曾考虑是不是应该选择柏林作为研究的地方，因为这样他星期天便可以和玛莎在一起了。但是他很快就打消了这个念头，那天晚上他回到住处后，就把他的高兴事写信告诉了在温斯柏克的玛莎。

每星期一，弗洛伊德都参加沙考向他的病人所做的公开演讲会；每星期二，他饶有兴趣地观察那些被带来给医院助手检查和讨论的门诊病人；每星期三，沙考巡视病房，在他的监督下，弗洛伊德仔细地观察和检查病人，并注意听沙考对他们所作的诊断。

※维也纳市立公园内的雕像

现在，弗洛伊德的兴趣正在改变中。尽管沙比特里尔的每个人都在帮助他，但12月初他就决定放弃实验室的解剖工作。事实上，他在翌年的头几个星期里曾又短暂地回到实验室，他在写给玛莎的长信中说："回维也纳时，我要选择解剖的工作。"

弗洛伊德只观看了一星期左右沙考的工作。他虽然专注于生理学的工作，但逐渐地对心理学也产生兴趣。

至此，具体地说，吸引弗洛伊德注意的是神经性病症，准确地

知识链接

歇斯底里症

歇斯底里症又称癔症，是由精神刺激或不良暗示引起的一类神经精神障碍。大多发病突然，可出现感觉、运动和植物神经功能紊乱或短暂的精神异常。患者具有鲜明的情感色彩，检查不能发现相应的器质性改变，在症状的发生和治疗当中，暗示和自我暗示常常起着重要的作用。

歇斯底里症早在古希腊时代希罗多德的著作中已有记载。“hysteria”一词，起源于“hystero”，即子宫。当时认为本病与子宫有关，是一种妇女独有的疾病，是由于性的过度刺激或压抑所致。

中世纪时，西欧宗教迷信盛行，当时把本病患者看作是魔鬼附体或女妖。却尔斯·里波斯指出本病的发病机理在脑部而不在子宫。沙可将本病的症状学进一步系统化，指出本病的症状可由催眠引起或消除，并强调遗传体质因素与本病发生有关。让内对歇斯底里的症状作了心理学解释，认为患者的意识障碍是由于心理综合作用的破裂所致，即“心理分离”，将本病的感觉脱失、瘫痪或遗忘等症状解释为由于相应的精神功能从意识中分离出去的结果。

1895年，弗洛伊德与布洛伊尔发表了《癔症的研究》，用性心理被压抑和潜意识的冲动等概念解释癔症的发病机理，并提出了转换性癔症的概念。也就是说，那些为超我所不允许的愿望受到压抑，而这种压抑并不完全成功，于是，那些愿望采取伪装的形式，通过转换或转化而成为症状。症状的性质和发生部位具有象征性意义，使受压抑的愿望得到部分地满足或缓和超我和被压抑愿望之间的情感矛盾。

甘塞尔描述了甘塞尔综合征、假性痴呆和童样痴呆，并把它们和歇斯底里症连在一起。巴甫洛夫学派从高级神经活动病理学观点出发解释本病的发病机理。巴甫洛夫把神经系统分为三个系统：皮质下系统、第一信号系统和第二信号系统，而歇斯底里症患者第二信号系统是弱的，故受其控制的第一信号系统和皮质下系统的活动相对地增强。第一信号系统的机能与具体形象的感知有关，皮质下部位与情绪活动有关，歇斯底里症患者的皮质下系统机能增强，表现为患者情感强烈鲜明，又因第一信号系统处于摆脱抑制状态，因此患者形象性思维突出，且具有生动、丰富的幻想。以上机理可解释歇斯底里症患者的性格特点。

歇斯底里症患者在强烈的精神因素影响下，大脑皮质进入抑制状态，而皮质下系统进入摆脱抑制状态，所以在临床上可见情感爆发及痉挛发作现象。如果大脑皮质的抑制过程向皮质以下部位扩散，可产生深度抑制状态，以至“不动”，形成歇斯底里性木僵。大脑皮质容易产生诱导抑制现象，是歇斯底里症意识范围缩小的病理基础。歇斯底里症患者的皮质机能较弱，原来的兴奋灶也较弱，因此旧的兴奋灶容易被新的、当前的刺激所抑制，故当前只有新的刺激所产生的兴奋灶在活动，由此可解释歇斯底里症患者为何易于接受暗示性。

中国古代医籍中记载的“脏躁”“奔豚”“薄厥”，大多为歇斯底里症表现。

说，是歇斯底里症。1885年时，一般人仍然认为，神经性疾病仅仅是神经系统功能受阻碍的结果。医学家认为，这些病症几乎会以任何征兆表现出来，而这些复杂的征兆不是解剖后就能知道的。大多数的医生极少花时间在这问题上，而且许多人视它为无须热心研究的主题。至于歇斯底里症，有些人仍然承袭了希腊人的看法，认为其原因是子宫的功能失调，基于这种说法，似乎唯有女人才会生这种病。但是，早在17世纪，却尔斯·里波斯就宣布歇斯底里症的成因在脑部，因此

※中医书籍中的内脏插图

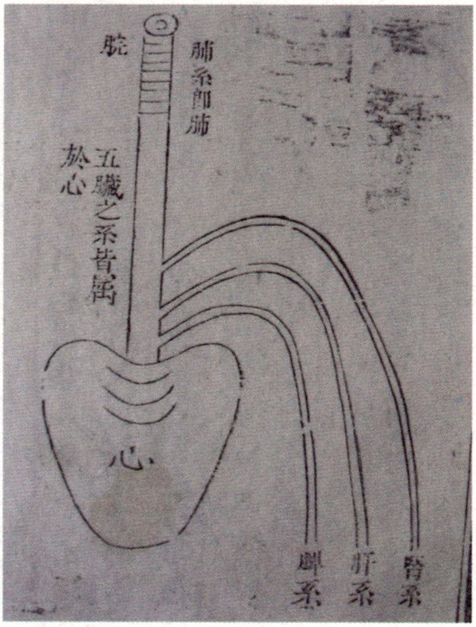

男人和女人一样，都可能患上这种病。事实上，歇斯底里症发生在男人身上的情形也不少，而且在18世纪和19世纪，他们的数目还在逐渐增加。

沙考发现，歇斯底里者的各种症状，可以分为不同的组别，每一组都有它自己的因果规律，因此可以辨明各个阶段的歇斯底里症状。

谈到这种病的成因，沙考相信，一次引起心理上损害的偶发意外可能就是歇斯底里症的触因，而它的发展则是因为大脑里的遗传因子受到损害引起的。

不论后人对沙考的评价如何，他对歇斯底里症的研究令弗洛伊德深受感动，也引导着弗洛伊德走向他一生中最重要的工作。若无沙考的指导，弗洛伊德日后能否发现精神性疾病与肉体痛楚的关联，就令人怀疑了。

1884年12月中旬，弗洛伊德写信给沙考，希望能把他的法文讲演词翻译为德文。为了证明他的德文文体的优美，他引述了以前曾翻译过的英国经济学家约翰·斯图亚特·密尔的作品。

两天以后，弗洛伊德写信告诉玛莎，沙考不但同意他翻译一卷，甚至将尚未出版的另外一卷论文也交给他进行翻译。他告诉她说："这是极令人满意的事，这一定会使在德国的医生和病人都知道我。我花几个星期的时间，甚至付几百基尔德都是值得的！何况我还有几百基尔德的稿酬呢。"

沙考接受了弗洛伊德的毛遂自荐，并同意他翻译两卷文献后，就把他带进了一个全新的社交圈。那是每个星期二的晚上，在沙考的家里，为巴黎各界名流举行的招待会，出席的人都颇有来头。

弗洛伊德第一次参加这样的招待会，紧张得不行，只好服用可卡因来壮胆。他写信告诉玛莎："我的服饰很整洁，只不过我把那条倒霉的白色领带，换成一条从汉堡买来的漂亮黑色领结。这是我第一次穿燕尾服，我为自己买了一件新衬衫和白色手套，因为旧的手套已经不太好了。我理了发，把我杂乱的胡须修剪成法国式。这一天晚上我花了十四法郎，结果，我的仪表非常好，别人对我的印象很不错。我喝了啤酒和咖啡，抽起烟来也很潇洒，感到非常自在，没有出任何差错。"据他自己说，那晚，他曾一度成为大家瞩目的焦点。他骄傲地报告说："这些都是我的成就（或者是可卡因的成就），使我非常满意！"

弗洛伊德在巴黎的时候，几

乎一天写一封信给玛莎，很生动地描绘了一个与维也纳截然不同而令人兴奋的都市生活情况，并流露出急切希望受人关注的心情。而且当他发现沙比特里尔医院的来宾都已听说过他的关于可卡因的报告时，感到非常高兴。他的自信心日益增强，并从自信迅速膨胀成自大。他大言不惭地对玛莎说：“如果一切顺利的话，我的成就会比诺斯纳吉尔大，我认为我比他优秀！”

在沙比特里尔医院待了4个月后，弗洛伊德就返回了维也纳。途中他经过柏林，在亚多佛·贝金斯基的诊所里，继续研究儿童的精神异常症。他对玛莎说：“只要他们的脑子没有疾病，这些小家伙实在是很可爱。但是他们一得病，就令人惋惜了。我想我不久后就可以在儿童医学上求发展了。”后来，他又改变了主意。

弗洛伊德回到维也纳以后就把精神集中在沙考的工作上，研究他曾经在沙比特里尔医院目睹的特别景象和治疗办法。他现在已经三十岁了，尽管在维也纳有了一些从医经验，但他目前对精神病学仍只有最起码的接触。乍看之下，他似乎不足以胜任现在所要从事的医务工作，但是事实上并非如此。他所需要的只是更多的实践经验，以迎接他的未来。

19世纪末的巴黎

个人开诊所

弗洛伊德离开维也纳时，是一个初出茅庐的神经病理学学者，迫切希望在沙比特里尔医院学到有关神经系统解剖的全部学问；他回来时，对这方面学科的兴趣或多或少地有所提高了，并且在沙考出神入化的教导下，他决定集中精力研究精神问题，尤其是歇斯底里症的问题。他由一个基础精

※神经系统解剖图

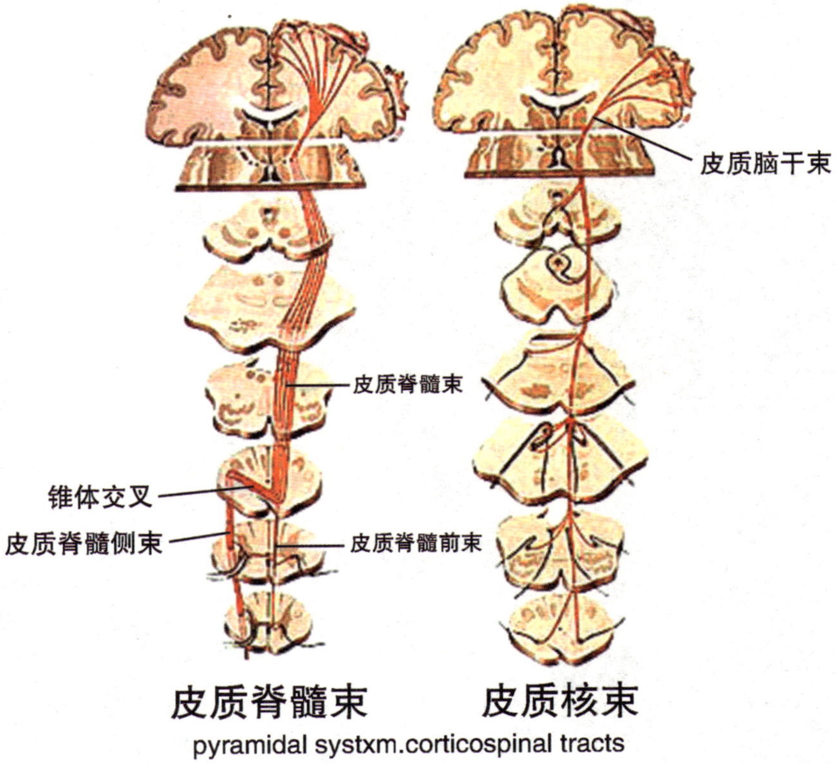

神病学的学生，转变为动力精神病学的提倡者。

弗洛伊德体会到：对歇斯底里症的了解，是开启人类思维谜团的钥匙。他准备在维也纳开办自己的精神病诊所，开业时采取革命性的新态度。但是，他得先为同事们准备一份报告，叙述他在巴黎和柏林的所见所闻。三个星期之后，他完成了一份十二页的报告。文中，他直言不讳地说在梅纳特门下学习以后，发现已不能在任何德国大学里学到真正的新东西了。紧接着，他强调以梅纳特为代表的德国学派，与沙考领导的法国学派的不同。他说："我认为，法国的神经病理学派，似乎推陈出新，呈现出特殊的工作模式。此外，他们还为神经病理学揭开了新的曙光。这些都值得德国和奥地利的科学工作者模仿。"

医学博士西格蒙德·弗洛伊德——维也纳大学神经病理学系的讲师，开始执业了。这是1886年4月份的事。他的私人诊所设在拉瑟斯街7号。他宣布开始门诊的第一天，竟然是复活节。那是令人不可思议的开张日子，因为它是一个公定的假日，各行各业和政府机关都不办公，甚至城市里的每个急诊处都没有人值班。一年之中，除了圣诞节之外，这一天是最不适合一个医生开业的。有许多人猜测，他之所以选择这一天或许是因为他极不喜欢天主教教会。

弗洛伊德的前途并不被看好。他的医学技术还不成熟，也不是著名医生，而且也没有什么资本可以帮助他度过营业上的淡季。此外，他浪费了许多时间迂回地进入医学这一行。他曾涉足药剂学、医事技术和小儿科疾病等学科。如果他在任何地方曾显示出聪敏的火花，那也似乎只是昙花一现。虽然他现在专攻神经病理学，一厢情愿地以为可以在维也纳一展所长，可是不久后他却偏重于使用那种令医学界同事不信任以及病人不接受的诊疗方法。

※青年弗洛伊德

他的犹太人身份对他也有影响。自1873年世界经济危机之后，反闪族人的情绪不断地滋长着。弗洛伊德开业的前几年，在维也纳以东四十英里的普力斯堡，就发生过反犹太人的暴动。

刚开始，他想先在维也纳开业两个月试试看，如果失败了，可能会移居到美国。他后来回想到和玛莎在一起时的情形说："我们两个人都一无所有，更确切地说，我有一个人口众多而又贫苦的家庭，而玛莎只从她叔父那里继承了三千多块钱的财产……"除了打算移民美国，他还想投奔英国的两位同父异母的哥哥，或者搬到奥地利的小镇上去。他对维也纳已没有什么特别的留恋。可是他的想法终归是一时的冲动，最后他还是留在了维也纳。几乎没有多少同事能想象得到，这个雄心勃勃的三十岁医生，竟然会在奥地利的首都执业超过半个世纪。

5月份时，弗洛伊德向生理学学会演讲催眠术。他对玛莎严肃地说，月底时他还会在精神治疗同业会以及医学会作同样的演说。他说："现在，维也纳已经战云密布了。"事实上，现在已经有不止一场的战斗在进行了。那些批评弗洛伊德不应该提倡催眠术的人，不久又抓住了他的另外一个把柄。5月底，尔仁梅耶发表了第二篇文章，再度警告使用可卡因的危险，并且对弗洛伊德进行了猛烈的人身攻击。

弗洛伊德很快发现，招来众多敌人的最主要原因，是他赞成使用催眠术。在刚回到维也纳时，梅纳特曾应允弗洛伊德使用自己诊所里的设备。但是当梅纳特知道弗洛伊德将继续使用催眠术时，就变了卦，并直截了当地表示不再欢迎弗洛伊德。

弗洛伊德就在这种不理解纷至沓来、心神不安的气氛下，开始一步步地建立他的事业。最初的几个月——我们现在所知道的情形，是来自他寄给在温斯柏克的玛莎的书信——正如我们想象的，他有各式各样的病人，但绝不是每个人都有他特别感兴趣的精神病。不过，至少在秋季时，他的兴趣都集中在歇斯底里症的治疗上。他1886年10月13日写信给卡尔·库勒说："如果你想要送我一个我急需的东西，我希望是一台视野测定器。因为对一个以研究歇斯底里症为主的医生来说，如果没有视野测定器，我们就不能放手工作了。"

尽管他专注于精神疾病，但也非常高兴有更多的普通病人。因为，如果他的精神病研究尤其是歇

斯底里症的研究工作不能收到预期效果，他还可以从普通病人那里获得生活保障。

有时候，候诊室里坐满了病人，不过他曾向玛莎诉苦说：“大部分人都付不起钱。”有时候，他显然拮据得狼狈不堪。他写道：“我正在这里一分一文地计算时，又被请到遥远区域去为一个熟人看病，当然是没有报酬的，我光是走路就花了两个小时，因为我没有钱坐车。今天也是一样，当我回到家，看到有人留下一张字条，要我赶去急诊，当然，我必须搭车去。这样一来一往我一连三天节省下的晚餐钱就花光了。”但是在给卡尔·库勒的信中，他却描述出截然不同的乐观景象：“无论如何，事情比我原来想象的要好得多，我不想推测到底这是布劳尔之助，还是沾了沙考的光，或者因为我自己是一个杰出的人。我在三个半月中赚了一千一百块钱。我想，如果情况继续好下去，我就可以结婚了。”

就在这时候，玛莎又得到了另一份遗产。因此，他们两人有勇气定下结婚的日子了，并预定在德国举行婚礼。弗洛伊德本来打算，只要公证的仪式就够了，但是玛莎提醒他说：“虽然在德国举行一个简单的仪式就过得去，但是奥地利法律规定，必须举行宗教式的婚礼。如果我们不这么做，回到维也纳定居时，政府是不会承认我们已经结过婚的。”

弗洛伊德对宗教仪式深恶痛绝，但是后来还是在新娘的舅舅伊利亚斯强迫下，进行了犹太人的正统婚礼仪式。

弗洛伊德和玛莎·柏纳斯相恋四年，他们忍受了四年分离的痛苦，终于迎来了洞房花烛夜。公证的仪式于1886年9月13日在温斯柏克的市政厅举行，第二天是宗教结婚仪式，弗洛伊德依照古希伯来的新郎规矩行礼，然后新婚夫妇去度了两个星期的蜜月。

这对年轻的夫妇，在新婚生活

弗洛伊德和玛莎

的最初几个星期里，不得不面对许多问题。其中之一是缺少金钱，而弗洛伊德在新居第一天执业时，没有足够的椅子给病人坐，玛莎只得从邻居处借来。

毫无疑问，他们夫妻生活得很快乐，但是仍有一些小问题，其中一个就是弗洛伊德不喜欢某些犹太人的规矩。玛莎的一个亲戚后来写道："我记得很清楚，玛莎告诉我说，弗洛伊德在他们婚后的第一个星期五晚上，不许她点燃安息日的灯，这是她一生中颇感懊恼的事情。"

他们的婚姻可以印证一句话：成功的男人背后，总有一个女人在支持他。身为女主人，她完全依照他的职业要求来理家，她对于精神分析所持的态度是忠诚地隐藏住她的怀疑，只是轻描淡写地对一个访客发出无关痛痒的牢骚。她说："你真的相信一个人可以用精神分析对待小孩子吗?我不得不承认，如果我不知道我的丈夫对于他的研究

知识链接

安息日

犹太教的古老节日，犹太教古老律法规定：一周的第7天是休息的日子，从犹太教古经《摩西五经》中可以看到，安息日首先是与上帝创世相关，上帝耶和华六天里完成了创世的工作，第7天是休息的日子；其次安息日体现了平等的观念，因为这一天没有主人和仆人之分；再次安息日与"神圣"的观念联系在一起，它作为节日，是以色列人与上帝订立的约定，是神圣不可更改的。

新约早期教会在周一聚会，即一周的第一天（见使徒行传20：7和哥林多前书16：2)。神指导以色列民在第七天保持"圣洁"，这一天以色列民不工作而要思考从神那里得到的赐福。"因为六日之内，耶和华造天、地、海，和其中的万物，第七日便安息，所以耶和华赐福与安息日，定为圣日"(出埃及记20：11)。冒犯安息日会被处死。以色列民流浪在荒漠期间，神在第六天多提供"吗哪"（食物）并保持新鲜到第七天，这样就可以在安息日休息了。每到第七年也是安息年，土地不得耕种。靠神恩典第六年获得的丰收足够第七年食用，并为第八年备足种子。以色列民以这种方法不断地提醒自己神有能力供给他们。

如此认真和执著，我就会认为精神分析是一种淫秽的东西！”她建立起他非常喜欢的家庭，并默默地做一个顺从的妻子。弗洛伊德晚年时，仍认为那是任何一个成功的妇女命中注定的角色。

同年10月15日，弗洛伊德向一群听众包括维也纳杰出的神经病学专家发表了“论男性的歇斯底里症”的演说。这时候，关于歇斯底里症的争论，主要集中在“心态的来源”这方面。这个观念已经为许多英国医生所接受，也受到了沙考的支持；但在德国和奥地利却被人议论纷纷。弗洛伊德特意选择这个时机来宣读他的论文。

他开始叙述他在巴黎的求学经验，接着详述一个歇斯底里症的病例：一个病人从建筑物的脚手架上摔下后，有一只手臂麻痹了。后来弗洛伊德证实，这个受伤很重的男性歇斯底里症者，是由于精神上的打击而麻痹的，而非身体上的伤害。

弗洛伊德说：“这次大家都为我鼓掌，但是没有进一步的兴趣……不久以后，我被排除于脑解剖的实验室外，没有人再邀请我去演讲。从此我退出了学术界圈子，不再加入知识分子的集团，长达二十年之久。”

恩斯特·钟士以很礼貌的词句说明弗洛伊德演讲的某些地方给人含糊不清的印象，而弗洛伊德宣读他的论文后不到五个月（即翌年2月16日）就有七位地位崇高的会员推荐他加入学会。1887年3月18日，他当选为会员，直到五十多年后他离开维也纳到英国，一直没有退出。

维也纳人对弗洛伊德不太关心，他们认为，他大胆地坚持自己是对的，但是他们对歇斯底里症的研究尚存观望心理。此外，由于一位法国心理学家和神经病理学家派里·珍尼特的崛起，使弗洛伊德终其一生和他打游击战。弗洛伊德于19世纪末发表研究报告以后，两人就展开了关于学术地位的激烈辩论，两人彼此指责对方抄袭剽窃。弗洛伊德晚年仍对此比较介意，两个人到死都相信自己是无辜的。很可能两个人所说的都正确。

当弗洛伊德的事业尚在初创阶段时，在这冷漠的环境中，对他帮助最大、影响最深的是他结交的一位忠实朋友。这个人是弗莱斯，一位年轻的柏林医生。经由布鲁尔的推介，弗莱斯开始去听弗洛伊德偶尔在大学里作的演讲，而后两个人在1887年11月首次见面。不久就开始通信，以后两人一共写了几百封信，从这些信中我们可以知道早期心理分析运动成立的经过。

他们首次见面后不久，彼此都知道对方正在研究一种容易引起争论的新观念，而且两个人都是犹太人，因此觉得不会被对方嘲笑。他们俩开诚布公地交换研究问题、假设、怀疑和希望，真是最自然不过！他们如潺潺流水般的通信，显示出两个人彼此互助的友谊。弗洛伊德承认：“我的朋友比我更有远见。”

除此之外，弗洛伊德在奋力发展事业和钻研人类思维的运作模式时，也急需弗莱斯的精神支持。在弗洛伊德开业的头十年，他开始缓慢而稳健地以引起争论和冒医学界之大不韪的方法，来医治日渐增加的病人。他最需要的是别人的了解、鼓舞和支持。而这些，弗莱斯都毫不吝惜地给了他。

弗洛伊德开业的最早期，医治精神病时所使用的方法，与其说是引起争论的，倒不如说是非传统性的。方法之一的电疗法，是威汉·耳勃提出的。他是德国人，他使神经病理学成为一种专门的学问。耳勃为病人治疗时，把电极放在病人身体的各部分，用轻微的电流使病人产生发麻的感觉或肌肉的痉挛。另外一种电疗的方法叫作威尔米契系统，包括在床上休息、隔绝、按摩和电疗，完全以严格规定的方法进行。

1887年快结束时，弗洛伊德正沉醉于催眠术。但是，他并没有完全放弃威尔米契系统。偶尔，他两者并用，以辅助心理治疗的不足。他解释说：“这样对我有好处，一方面可以避免在心理治疗中病人以为我乱出花样而产生不良印象；另一方面免除了平躺式治疗的烦闷，使病人不致陷入白日梦的习惯中，这是屡屡可见的事实。”

弗洛伊德最初所使用的催眠术，是模仿沙考。他使一个病人昏迷，然后向他表示：当你恢复到正常知觉时，某些症状就会消失。但是，不久以后弗洛伊德又使用另外一种截然不同的方法——他要求病人回忆症状是在何时首次出现的。

这种方法源于19世纪80年代初期，由布劳尔主治的一个病例。他们师承的关系是如此的直接，以致许多年后，弗洛伊德在美国的克勒克大学演讲时曾开门见山地宣布：“如果以出现症状时的详细情景心理分析为一项成就，那么这项成就并不属于我，因为在它草创之初，我并没有参与。那时（在1880年至1882年）另一位维也纳的医生约瑟·布劳尔博士正在一个患歇斯底里症的女孩子身上使用这种方法。而我当时只不过是一个学生，正在准备毕业考试而已。”

“安娜”病例的治疗

弗洛伊德在美国克勒克大学所引述的布劳尔的病人“安娜”，她的真名是芭莎·帕朋汉。如果弗洛伊德对布劳尔过分褒奖，无疑地，“安娜”就是指引他走向以后道路的里程碑。布劳尔也说过，自己对于安娜的治疗，已经变成了“整个心理分析的酵母菌”。

芭莎·帕朋汉是维也纳一位犹太富商的女儿，弗洛伊德的岳父认识她。她二十多岁时，患了许多奇特的神经官能症，由布劳尔治疗。她痊愈以后，在犹太人之间致力于社会工作，足迹遍及整个欧洲，终身未嫁，1936年逝世，时年七十七岁。

这个病例很曲折。1880年，芭莎在侍候她病危的父亲时，手脚突然麻痹，眼睛斜视，视物模糊，不能吃东西，不断咳嗽，又显示出双重性格的征兆——一种是正常的，另外一种是惹人厌烦的小孩子脾气。布劳尔写道：“她的情绪变化快速，导致过度而短暂的精神兴奋，有时候严重地焦虑，顽固地反对医生们为她所做的各种治疗与努力。”

一般内科医生们认为：许多疾病都是由于聚集在大肠里的废物使血中含毒而引起的，而治疗的常用方法是用泻药灌肠。布劳尔认为，治愈“安娜”要把困扰她记忆的东西排除于脑海之外。因此，“灌肠”这个名词就被精神医疗者从普通医生处借用来了。

※病人芭莎·帕朋汉女士

知识链接

神经官能症

神经官能症又名神经症或精神神经症。它是一组精神障碍的总称，包括神经衰弱、强迫症、焦虑症、恐惧症、躯体形式障碍等等。《中国精神障碍分类与诊断标准第三版》（CCMD-III）中对神经症的描述性定义为：“神经症是一组主要表现为焦虑、抑郁、恐惧、强迫、疑病症状或神经衰弱症状的精神障碍。本障碍有一定人格基础，起病常受心理社会（环境）因素影响。症状没有可证实的器质性病变作基础，与病人的现实处境不相称，但病人对存在的症状感到痛苦和无能为力，自知力完整或基本完整，病程多迁延。各种神经症性症状或其组合可见于感染、中毒、内脏、内分泌或代谢和脑器质性疾病，称神经症样综合征。”

由于各国学者理解神经症病因的观点不一致，多年来对本症的命名、概念、分类等争议较多。1980年美国精神病学会在精神病分类中删除了神经症。我国学者仍认为神经症是一种客观存在的临床实体，在CCMD-III中将神经症分为六个亚型：焦虑症、恐惧症、神经衰弱、躯体形式障碍、强迫症、其他或待分类的神经症。其共同点是：①起病常与素质和心理社会因素有关；②存在一定的人格基础，常常自感难以控制本应可以控制的意识或行为；③症状没有相应的器质性基础；④社会功能相对完好，一般意识清楚，与现实接触良好，人格完整，无严重的行为紊乱；⑤一般没有明显或较长的精神症状，病程较长，自知力完整，要求治疗。

神经症是常见病，患病率相当高。世界卫生组织根据各国和调查资料推算：人口中的5%—8%有神经症或人格障碍，是重性精神病的五倍。西方国家的患病率为10%—20%，我国为13%—22%。

芭莎的疾病经历了四个阶段，布劳尔在1882年6月停止了对她的治疗，也停止了诊疗报告，这与十几年后的追述有些出入。早先的报告比较着重于这个女孩子在家庭中所遭遇的困难，主要是和母亲及兄弟之间的不和；另外还叙述了许多由“谈话治疗”所去除的各种神

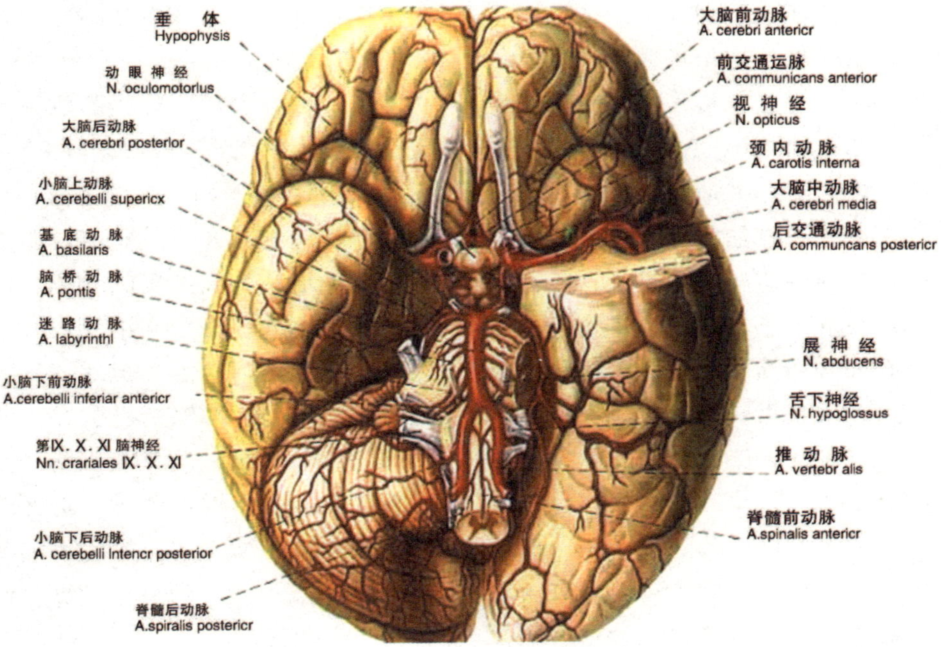

大脑结构图

经官能症的细节。但是两份报告都没有充分说明病人疾病的本质。爱伦伯格博士可能说得最为中肯，他认为：她的病例类似于19世纪初期的“磁性病”，有无数人患了那一种神秘的病，包括梦游症、沉重的昏睡病和癫痫。他写道：“这种病是由于病人神话式的无知觉，再加上精神治疗者的无知鼓励搅和而成的……‘安娜’是一个不满足的年轻女人，她找不到身体上和精神上的发泄处，为追求理想的无望而挣扎。”

此外，现在有足够的事实，来评估所谓“治愈了”的矛盾报告。布劳尔在1882年6月停止治疗前的报告中说：“病人已经不再有以前所显现的那些干扰了。此后，她外出旅行了一阵子。但是，她却经过了相当长的时间，才完全恢复她精神上的平衡。从那时开始，她享受到完全的健康。”

中断治疗一年以后，布劳尔坦白地对弗洛伊德说：“她当时心理很失常，我真希望她死去，以便从痛苦中解脱出来。不料，她的病情已渐渐有了改善，而且不再依赖吗啡了。”几年后，玛莎说：“‘安娜’有时来我这里，我发现她白天时很健康正常，但是晚上仍会有幻觉。”

从芭莎·帕朋汉后来成为一个社会工作者的记录来判断，那时她的情形一定已获得了相当的改善，至少不再带给她太多的烦恼。但是她的痊愈看起来似乎和布劳尔的治疗没有什么直接的关系。不过弗洛伊德的观察有些矛盾，他说：“尽管她恢复了正常，但在某方面，她仍与正常生活隔绝。她虽然很健康，做事也很敏捷，但她总是规避一个正常女人的生活轨道。”他所指的是她终生未嫁。

无论如何，关于“安娜”的暧昧不明的记录，并未影响他在心理分析历史上的重要性。弗洛伊德敏感地觉得，布劳尔在几个病例里停止使用催眠术，意味着在治疗上将有重要的突破。

※催眠术

由于像“安娜”这样的病人会花去医生太多的时间，布劳尔决定不再收治这种病人了。就这样，弗洛伊德行医的头几年，布劳尔源源不断地把他认为太严重的和病症持续太久的病人转介给弗洛伊德。虽然弗洛伊德可以拒绝，但他却很少回绝，因为他的经济情况实在太差了！有一次，他把自己的金表送到当铺去，甚至有人说，如果不是他的小姨子明娜帮助，他送给太太玛莎的结婚礼物——一只金表，也会遭受同样的命运。

弗洛伊德开始治疗这些病人时，第一个工作就是研究“安娜”的病例是不是一个特例。他后来写道：“在与布劳尔不间断的合作中，我仔细观察了相当多的歇斯底里症病人，从这个观点去研究他们。”

有一段时间，他继续使用催眠术诱导病人说出在清醒时不能回忆起的往事。1889年夏天，他特地到南锡旅行，向欧洲首席的催眠师柏汉及赖毕优特学习新方法。他甚至劝说一个病人与她同去，但遗憾的是，最终没有获得任何根治她的方法，柏汉也失败了。柏汉坦白地承认，这种催眠术在公立医院中进行

知识链接

南　锡

南锡位于法国洛林大区的中心，南锡是洛林大区的首府，同时也是默尔特-摩泽尔省的省会。距巴黎350千米，距欧洲议会所在地斯特拉斯堡150千米。是法国东部仅次于斯特拉斯堡的第二大城市。南锡是历史文化名城，欧洲金融中心之一，既具有悠久的历史，又同时拥有现代文明。这个城市因拥有地区歌剧、国家剧院芭蕾、国家戏剧中心、交响乐剧团、民族音乐学校、博物馆、电影院等而成为一个文化中心而闻名世界。南锡约有1.8万多家企业，约16万名企业员工，它以其众多的工业企业与活跃的商业氛围为洛林的居民提供了大量的就业机会。南锡还是一个重要的教育中心，是法国东北部最大的大学城，有三所公立大学（南锡一大、南锡二大、国立工艺学院）坐落在这个城市，拥有几百个实验室，科研人员3千多人，接受并培养了4.5万名大学生。南锡市有美丽的自然风光，人们可以散步、骑单车，到孚日山（Vosges，开车到南锡一小时）滑雪。南锡市区几乎没有什么高楼，至多也就在火车站那儿有那么几座，因此，城市的天空格外开阔，几乎随便站在什么路口，都能看见远处的山丘和森林，令人压抑的摩天大厦与这儿的天空是无缘的。街道不宽，大多仅供两辆车对驶，和巴黎一样，市中心红绿灯密度奇高，这倒是一个限制车流的好方法。一座座风格独特、装饰着花纹和雕像的楼房随处可见，主人家还喜欢把房屋的建筑年代刻上去，古老在这儿绝对是一份荣耀。许多街道小巷都铺着石头，并禁止车辆入内，在雨中漫步其间，经常能听见高跟鞋敲打石头的声音。在大街小巷中，走不多远，总能碰见一座座哥特式或巴洛特风格的教堂；而城市的每一个角落，都能看见某个教堂那高耸云天的钟塔。

得很成功，但对私人诊所中的病人不大管用。

他的这番话意义重大。他实际上等于是在说：公立医院中的病人，大多比较穷苦或很少受教育，他们要比受教育程度较高而富有的私人诊所中的病人容易受催眠。但是，如果真是如此，这就验证了弗洛伊德的推测——可能有一种比在催眠状态下不断反复暗示更有效的方法，来诱导一

※弗洛伊德曾在巴黎学习、工作过，也曾在这里参加各种专业性的学术大会。图为巴黎标志性建筑之一巴黎圣母院

个病人回忆起深埋在心中已久的精神事件。他沉思自问：一个病人在正常清醒的状态下，是否可能忆起遗忘已久的事件呢？弗洛伊德把这个想法牢记在心。

回维也纳时，弗洛伊德和柏汉及赖毕优特路经巴黎，在那里他们参加了由沙考担任主席的生理性心理学大会和第一届国际实验治疗催眠大会。

虽然弗洛伊德不完全同意催眠术，但他仍然使用它。因为他认为那是唯一实用的方法。直到19世纪80年代末，他仍然用催眠作暗示治疗，而不直接问及病源。

他现在已经处于伟大的事业边缘。但是，这位革命性的心理学新派创造者，仍然有着别的医学兴趣。他还是一位努力奋斗的犹太医生，要支持逐渐庞大的家计，而名誉和财富似乎仍离他很遥远。但几年以后，弗洛伊德将在心理学界引起轩然大波，而且他和皇家医学会的意见相左。不过，在他看来那似乎并不是什么大不了的事。

《论失语症》的发表

弗洛伊德还没有放弃对解剖人脑的兴趣，在这方面他已经成为公认的专家了。在研究歇斯底里症问题的同时，他仍然进行着人脑解剖。

※南锡距离法国首都巴黎只有三百多千米。图为巴黎城市风光

19世纪80年代，医生们认为“失语症”（包括身不由己的口齿不清以及不能了解别人语言的复杂神经

知识链接

失语症

失语症是指由于神经中枢病损导致抽象信号思维障碍，而丧失口语、文字的表达和领悟能力的临床症候群。失语症不包括由于意识障碍和普通的智力减退造成的语言症状，也不包括听觉、视觉、书写、发音等感觉和运动器官损害引起的语言、阅读和书写障碍。因先天或幼年疾病引致学习困难，造成的语言机能缺陷也不属失语症范畴。

言语功能受一侧大脑半球支配，称为优势半球。除少数人外，绝大多数人的优势半球位于左侧大脑皮质及其连接纤维。优势半球受损常可发生失语症。优势半球不同特定部位受损，可出现不同类型的失语症：第三额回后部是口语的中枢，受损时丧失口语表达能力，即运动性失语症；第一颞上回后部是听语中枢，损害时出现对别人的语言不能理解之现象，即感觉性失语症；第三额回后部是书写中枢，病变时无法用文字书写来表达，是失写症；角回为阅读中枢，受损时读不出文字的字音及不知其意义，是失读症；第一颞回与角回之间区域是物体的命名中枢，病损时讲不出所见的人、物名称，是命名性失语症。引起失语症的疾病以脑血管疾病最为多见，其次为脑部炎症、外伤、变性等。

完全性失语时，患者完全不能用评议表达思维活动，甚至个别的字、词、音节都不能发出。多数患者为不完全性运动性失语，患者能发出个别的语音，但不能由语音构成词句，也不能将语言排列成必要的次序，以致这些评议杂乱无章，不能令人理解。有的患者可能保存下来最熟悉的一个单字、词或句子的片断及通常的感叹词，如“不”“好”“吃”“坐”“就是”“再见”等。但患者无论如何努力也只能说出保留下来的简单词句。由于语言共济运动无障碍，患者说出词句仍有相当抑扬，密切接触者根据其语调可能理解患者表达的意思。更轻的患者往往仍有相当丰富的词汇，但由于丧失对虚词和冠词的应用，说话只能用几个主要词汇来表达，构成电报式语言。语言重复症也很多见，一个词或音节说出后，强制地、自动地重复，不自主地进入下次语言产生的过程。

失常）是某些脑叶受到损害所致。但是这种生吞活剥的解释，并不能说明该疾病的各种症状。在《论失语症》一书中，弗洛伊德从一个全新的角度进行探索，对许多不同的症状提出了功能性的解释。

《论失语症》于1891年出版，大约有十年没有医学杂志理会它。但是，出版就代表进步。那年初，弗洛伊德三十五岁生日时，他父亲雅各伯在家里的《圣经》上写了一段话来纪念他儿子的成功。

然而，弗洛伊德的经济情况仍然不稳定。他虽然不再像执业初期时那样贫穷，但为了摆出一个成功医生的排场，他常要多处筹钱。他很感激同事们的经济支援，尤其感到不好意思的是没钱还给布劳尔。

他一直为钱烦恼的缘由之一是家中人口不断地增加。他的大女儿玛西黛生于1887年，接着1889年马丁也出生了。两年以后奥利佛诞生了，次年又生下恩斯特。接下去又有两个小孩：1893年生下苏菲，小女安娜生于1895年。这使他家的开销日益增多。

家里逐渐变得拥挤不堪。1891年，他大胆地搬了家，这个改变一半出于计划，一半也是冒险。他和玛莎首先列出必须具备的条件：他们所需房间的数目、接待病人的理想环境以及要接近学校，然后他们开始去找。起初，一直没找到。

有一天，弗洛伊德雇了一辆马车去看病人。下午诊疗后，开始在城中心漫无目标地散步。无意间他发现自己站在一栋建筑物的外面，那里有一幢公寓要出租。他突然觉得那屋子对他有一股巨大的吸引力，随即进去，看了后认为它很适合他家的需要，立即签下了租约。

回到家，他告诉太太已经找到他们理想的新居，位于柏格街19号，并且当天晚上就领她去看。玛莎显然很震惊，因为房子附近住的

※玛莎·弗洛伊德和女儿苏菲摄于1895年

都是贫民，楼梯是石造的，又暗又陡，房间又不够多。她没有抗议，她知道，她丈夫不但已签了租约，而且整个心都放在那幢房子上了。弗洛伊德选择那儿的原因非常有趣：柏格街19号是弗洛伊德的同学维克多·阿德勒以前住的地方，他们曾彼此争吵，后来阿德勒成为社会民主党的领袖，而阿德勒的姐夫布龙是弗洛伊德的朋友，大学时也住过那里。

弗洛伊德一家人很快地搬了进去。起初他们只住一幢公寓，但是一年多以后，另外又有三间房子空出来，弗洛伊德就租下它们，作为心理治疗室。

小女儿安娜出生后不久，玛莎的妹妹明娜搬来和他们同住。本来只打算住几个月，但一住就住了四十多年。弗洛伊德的侄女朱迪斯写道："虽然她从来没有负起指挥六个小孩子的大家庭的责任，但她和玛莎伯母一直维持着和谐的气氛，发号施令，使家里显得井井有条。家里的采购由她们两姐妹合办，她们总会先仔细地磋商。"这幢大楼里也一度住了弗洛伊德的妹妹罗莎，1908年她搬走以后，弗洛伊德就接着租下她的公寓。

这个家靠近大学和总医院，弗洛伊德从1891年到1938年一直住在这里。从那时开始，他提倡了一个运动，并且领导着它，这使他成为20世纪最引人争论的人物。

知识链接

安娜·弗洛伊德

安娜·弗洛伊德（1895—1982）是弗洛伊德最小的女儿，著名儿童精神分析学家。她是用精神分析方法研究儿童发展的创始人之一，并较早应用游戏疗法，对儿童期和青春期的心理治疗技术的改进起过积极作用。她进一步继承和发展了父亲后期的自我心理学思想，对自我心理学的建立作出了重要的贡献。她系统总结和扩展了父亲对自我防御机制的研究。她先后获得美国杜克大学、奥地利维也纳大学、英国剑桥大学授予的名誉博士学位。担任过《儿童精神分析研究》的主编和国际精神分析协会名誉会长。她著有《儿童的心理分析治疗》《儿童期的常态和病态》等书。

《歇斯底里的研究》出版

搬进柏格街19号的头十年，是弗洛伊德一生中最重要的一段岁月。开始时，他的研究工作和行医生涯可以撑下去，但是并不稳固。《论失语症》一书并没有得到它应受到的重视。他开始在同行中得到名声，是因为他使用催眠术。许多医学界人士都对他抱着不信任的态度。

十年以后，人们终于恍然大悟，承认他在发展一种治疗精神异常的新方法。在医学界里，他正开始获得一席之地。但他并不满意，认为还没有人真正赏识他的工作，只有期望于未来让他的接班人来收获他的果实了！

20世纪初，弗洛伊德准备披挂上阵了。

前途的改观与进步，不是由于财富，而是由于他孜孜不倦地靠潜意识之助去“采访”人类思维。他宣称：这种技巧可以改善或去除精神病的症状。这与五十年以后以放射线来治疗癌症的情形非常相似。潜意识本身并不是新东西，但是把它当作治疗工具却是一项新发明。它由布劳尔在不经意中发现，后来由弗洛伊德用来治疗精神病。后来，这种治疗工具得到了推广，人们不仅知道了它可用于治疗精神病人，而且也认识到了它在日常生活上的功能，更懂得了它是文学和艺术的创作源泉之一。

虽然潜意识的历史渊源很远，但是在弗洛伊德以前，从来没有人斩钉截铁地宣布过它的重要作

名人名言

在人的潜意识里，人的性欲一直是处于压抑的状态，社会的道德文明规则使人的本能欲望时刻处于理性的控制之中。

——弗洛伊德

※弗洛伊德与他的女儿

用。所以那是一个几乎未被探索过的领域，人类想要把他们希望忽略的记忆摒弃，可是在许多情形下，那些被摒弃的记忆会转化浮现，而成为歇斯底里的烙印，进入梦中或者进入后来被称为“弗洛伊德式的失误”的日常生活里。而且最重要的是，把这些记忆从潜意识拉到意识里，可能获得重大的治疗效应。

刚开始时，相信这套说法的人寥寥无几。弗洛伊德在1894年写信给弗莱斯说：“我在这里相当孤单地解决神经性问题，大家都认为我不过是一个偏执狂，而直觉却告诉我，我已经触摸到了大自然中一个最大的奥秘。”

为了引发病人的潜意识，弗洛伊德使用了一个奇特的方法：他把手放在病人的额头，或两手扶住他的脸，说道：“我要你在我手的压力下思想，我放松压力时，你会看见你面前有东西，或者有东西进入你的脑子里，你要抓住它，它将是我们要找寻的东西。好了，你曾经看见什么，或者你想到了什么?”

弗洛伊德解释道：“‘压力技术’的好处，是它能够分散病人的注意力，使病人离开意识上的追寻和反映，简单地说就是使病人离开可以用意志支配的任何事情。”

几年以后，弗洛伊德写道：“我放弃了催眠术，在治疗的过程中，只要求病人躺在沙发上，我坐在他后面看着他，却不让他看见我。”

后来这种看着病人，却不让病人看的方法，引起许多人的猜疑。弗洛伊德解释说：如果面对面地进行，那么无论倾听病人的分析者是多么的

不苟言笑，他的态度和对病人所透露的事情的反应，仍会被察觉，如此一来可能影响到病人的心理。

在19世纪90年代初期，他继续不断地研究探讨新技术。虽然弗洛伊德渐渐地放弃了催眠术，却没有人知道他推出“压力技术”和“自由联想”的确切时间。

弗洛伊德对病人说：“你把经过你脑海的所有的东西说出来，就好像你坐在火车的窗口，向坐在你后面的人描述你所看见的窗外景色的变化一样。最后，千万不要忘记，你已经答应要绝对地诚实，更不要因为说出来不舒服而闷着不讲!”

不久，弗洛伊德发现分析与解释病人吐露出来的心声是件复杂而困难的事。另外病人似乎天生反抗，不愿把潜意识提升到意识中。几乎每个病人都有这个现象，这种反抗显然使得医生的工作更加困难。但是弗洛伊德发现，反抗最强烈的主题经常是最关键性的。因此，只要发掘了反抗的症结，就可以找到根本的线索，了解产生这种疾病的原因。

这时，一种叫作“移转”的过程形成了。弗洛伊德注意到，他的许多病人在施行“自由联想”后，开始毫不忌讳地说话，也不再将他看成医生，而像是在对自己的父亲或母亲说话。换句话说，他们把反映他们早年与其父母关系的感觉与思想，转移到了分析者身上。虽然，“移转”是另一种复杂的因素，但弗洛伊德终于发现它和“反抗”一样，经常有助于医生探索到患者不能回忆的过去。事实上，他相信在“移转”的领域里必须有各式各样的冲突。

许多年以后，弗洛伊德谈到精神分析治疗的远景时，叙述他的治疗是由两部分构成——先是医生告诉病人怎么做，然后由病人照他听到的去做。医生给病人意识上的预期观念（他可望找到的观念），然后由他依照与那预期观念相似的基础，在他自己身上找到被压抑的潜意识观念。

1893年1月，弗洛伊德和布劳尔在《精神病中央公报》上共同发表了《论歇斯底里现象的精神结构：初步的交流》。这篇报告的两位作者已经能够以一种新方法来研究许多歇斯底里的病例。而且他们发现，病因并不是一种明显可以识别的精神创伤，而是已经全然被遗忘的事情。这篇报告首次使用“被压抑”这个字眼，表示病人希望忘记不愉快的记忆，而把它推到潜意识里去。只要把那些被压抑的记忆带到意识里来，就可以去除歇斯底里的症状。

这篇报告传播到了奥地利、德国和法国。但是，就像许多弗洛伊德的早期出版物一样，最友善的评论都是来自英国。在医学期刊《脑》里，著名的英国医生迈可·克拉克以长篇文章讨论歇斯底里和神经衰弱，以及布劳尔和弗洛伊德如何强调必须在病人脑中唤起首次出现歇斯底里症状的记忆时机。

这篇报告出版两年后，《歇斯底里的研究》一书问世了，它汇集了布劳尔和弗洛伊德共同工作的成果，并且正式把精神分析介绍给世人。这本书的第一章是《初步的交流》，接下去是五篇病例历史，布劳尔写的“安娜”是第一篇，另外四篇是弗洛伊德写的。然后六章是布劳尔写的歇斯底里症的理论，结尾是弗洛伊德写的歇斯底里症的精神治疗。

※弗洛伊德认为歇斯底里症是病人将不愉快的记忆推到了潜意识中，只要将被压抑的记忆带到意识中就可以去除歇斯底里症

后来，弗洛伊德和布劳尔分手了。分手的理由是，他们的性格和他们各自在医学界的权威地位不同。布劳尔是已颇有名声的执业医生，他相信，如果他继续追随弗洛伊德的理论，可能会使病人不相信他。集中精力于歇斯底里症的弗洛伊德则深信，他终于走上了将使他成名的路途。事实上，他确实已经“触摸到大自然的一个最大奥秘”。

当时布劳尔和弗洛伊德对于他们要宣布的新方法都采取了审慎的态度。他们一直主张而且清晰地说明的是：一些病人身体上的症状、所回忆的事情及他们对事情的反应，都被意识所不知道的动机所支配。这种说法是精神分析的基础，长久以来被毫无疑义地接受，虽然“性”因素的重要性已经被提出，然而在《歇斯底里的研究》一书中所叙述的此病的典型症状的普遍化却时常被人攻击。无论如何，许多

改变世界的理论起初总是不受人重视，也很少有人支持。

《歇斯底里的研究》一书的出版，证实了弗洛伊德和布劳尔两个人共有的想法——他们不能再在一起工作了。1894年夏天，弗洛伊德写道："事实上，我整天在想神经病原，但是因为我和布劳尔在科学上的联系已经结束，我只好自己一个人支撑了，这就是为什么我的进展那么慢的原因。"现在，由于外人的批评加深了布劳尔的怀疑，他怀疑自己犯了和弗洛伊德曾经过分亲密的错误，以致两个人不能重归于好，达到以前的亲密程度。

他们除了对于"性"问题的重要与否僵持不下外，还有另外一个原因造成了彼此间更深的隔阂：两个人都在探究神经病原的成因，而他们必须解决的问题是——在心智演进的过程中何时开始有病态的现象。布劳尔的解释是生理学上的；弗洛伊德则是从心理学上解释，他不认为是分子和运动造成的，而认为是意向和目的所导致。尽管布劳尔自从"安娜"的病例以后，耳闻目睹了许多别的例子，但他仍然很不愿意完全放弃原先接受的生理学因果律的看法。也就是说，年纪较大的布劳尔不愿意立即抛弃自己已有观念；而年轻的弗洛伊德却急于拥抱新的观念。观念上的分歧，使二人的关系难以调和，尽管布劳尔曾经帮了弗洛伊德许多忙，不仅有职业上的支持，而且经常借钱给他。

知识链接

精神分析理论

精神分析理论属于心理动力学理论，是奥地利心理医生弗洛伊德于19世纪末20世纪初创立的。精神分析理论是现代心理学的奠基石，它的影响远不只是局限于临床心理学领域，而是对于整个心理科学乃至西方人文科学的各个领域均有深远的影响，它的影响可与达尔文的进化论相提并论。它有以下几种基本理论：

一、精神层次理论

该理论是阐述人的精神活动，包括欲望、冲动、思维、幻想、判断、决定、情感等等，会在不同的意识层次里发生和进行。意识包括意识、潜意识、下意识三个层次，好像深浅不同的地壳层次而存在，故称之为精神层次。

人的心理活动有些是能够被自己觉察到的，只要我们集中注意力，就会发觉内心不断有一个个观念、意象或情感流过，这种能够被自己意识到的心理活动叫作意识。而一些本能冲动、被压抑的欲望或生命力却在不知不觉的潜在境界里发生，因不符合社会道德和本人的理智，无法进入意识被个体所觉察，这种潜伏着的无法被觉察的思想、观念、欲望等心理活动被称为潜意识。下意识乃界于意识与潜意识的层次中间，一些不愉快或痛苦的感觉、觉、意念、回忆常被压抑存在于下意识这个层次，一般情况下不会被个体所觉察，但当个体的控制能力松懈时比如醉酒、催眠状态或梦境中，偶尔会暂时出现在意识层次里，让个体觉察到。

二、人格结构理论

弗洛伊德认为人格结构由本我、自我、超我三部分组成。

本我即原我，是指原始的自己，包含生存所需的基本欲望、冲动和生命力。本我是一切心理能量之源，本我按快乐原则行事，它不理会社会道德和外在的行为规范，它唯一的要求是得到快乐，避免痛苦。本我的目标乃是求得个体的舒适、生存及繁殖，它是无意识的，自觉的。

自我，其德文原意即是指“自己”，是自己可意识到的执行思考、感觉、判断或记忆的部分，自我的机能是寻求“本我”的冲动得以心理上的满足，而同时保护整个机体不受伤害，它遵循的是“现实原则”，为本我服务。

超我，是人格结构中代表理想的部分，它是个体在成长过程中通过内化道德规范，内化社会及文化环境的价值观念而形成，其机能主要在监督、批判及管束自己的行为。超我的特点是追求完美，所以它与本我一样是非现实的。超我大部分也是无意识的，超我要求自我按社会可接受的方式去满足本我，它所遵循的是“道德原则”。

三、性本能理论

弗洛伊德认为人的精神活动的能量来源于本能，本能是推动个体行为的内在动力。人类最基本的本能有两类：一类是生的本能，另一类是死亡本能或攻击本能。生的本能包括性欲本能与个体生存本能，其目的是保持种族的繁衍与个体的生存。弗洛伊德是泛性论者，在他的眼里，性欲有着广泛的含意，是指人们一切追求快乐的欲望，性本能冲动是人一切心理活动的内在动力，当这种能量（弗洛伊德称之为力必多）积聚到一定程度就会造成机体的紧张，机体就要寻求途径释放能量。弗洛伊德将人的性心理发展划分为五个阶段：①口欲期，②肛门期，③性蕾欲期，④潜伏期，⑤生殖期。刚生下来的婴儿就懂得吸乳，乳头摩擦口唇黏膜引起快感，叫作口欲期性欲。一岁半以后学会自己大小便，粪块摩擦直肠肛门黏膜产生快感，叫作肛门期性欲。儿童到三岁以后懂得了两性的区别，开始对异性父母眷恋，对同性父母嫉恨，这一阶段叫性蕾欲期，其间充满复杂的矛盾和冲突，儿童会体验到俄耳浦斯情结和厄勒克特拉情结。这种感情更具性的意义，不过还只是心理上的性爱而非生理上的性爱。只有经过潜伏期到达青春期性腺成熟才有成年的性欲。成年人成熟的性欲以生殖器性交为最高满足形式，以生育繁衍后代为目的，这就进入了生殖期。弗洛伊德认为成人人格的基本组成部分在前三个发展阶段已基本形成，所以儿童的早年环境、早期经历对其成年后的人格形成起着重要的作用，许多成人的变态心理、心理冲突都可追溯到早年期创伤性经历和压抑的情结。

弗洛伊德在后期又提出了死亡本能即桑纳托斯，它是促使人类返回生命前非生命状态的力量。死亡是生命的终结，是生命的最后稳定状态，生命只有在这时才不再需要为满足生理欲望而斗争。只有在此时，生命不再有焦虑和抑郁，所以所有生命的最终结果是死亡。死亡本能派生出攻击、破坏、战争等一切毁灭行为。当它转向机体内部时，导致个体的自责，甚至自伤自杀；当它转向外部世界时，导致对他人的攻击、仇恨、谋杀等。

四、释梦理论

弗洛伊德是一个心理决定论者。他认为人类的心理活动有着严格的因果关系，没有一件事是偶然的，梦也不例外，绝不是偶然形成的联想，而是欲望的满足。在睡眠时，超我的检查松懈，潜意识中的欲望绕过抵抗，并以伪装的方式，乘机闯入意识而形成梦。可见梦是对清醒时被压抑到潜意识中的欲望的一种委婉表达。梦是通向潜意识的一条秘密通道。通过对梦的分析可以窥见人的内部心理，探究其潜意识中的欲望和冲突。通过释梦可以治疗神经症。

五、心理防御机制理论

心理防御机制是自我的一种防卫功能，很多时候，超我与本我之间，本我与现实之间，经常会有矛盾和冲突，这时人就会感到痛苦和焦虑，这时自我可以在不知不觉之中，以某种方式，调整冲突双方的关系，使超我的监察可以接受，同时本我的欲望又可以得到某种形式的满足，从而缓和焦虑，消除痛苦，这就是自我的心理防御机制。它包括压抑、否认、投射、退行、隔离、抵消、转化、补偿、合理化、升华、幽默、反向形成等各种形式。人类在正常和病态情况下都在不自觉地运用，运用得当，可减轻痛苦，帮助渡过心理难关，防止精神崩溃，运用过度就会表现出焦虑抑郁等病态心理症状。

压抑——当一个人的某种观念、情感或冲动不能被超我接受时，就被压抑到无意识中去，以使个体不再因之而产生焦虑、痛苦，这是一种不自觉的主动遗忘和抑制。如很多人宁愿相信自己能中六合彩而不愿想象自己出街时遇车祸的危险，其实后一种的概率远比前者大，这是一种压抑机制的不自觉运用。因为当人意识到每次出街都要面临车祸的威胁时就会感到焦虑，人为了避免焦虑故意将其遗忘。

否认——指有意或无意地拒绝承认那些不愉快的现实以保护自我的心理防御机制。如有的人听到亲人突然死亡的消息，短期内否认此事以减免突如其来的精神打击。

投射——指个体将自己不能容忍的冲动、欲望转移到他人的身上，以免除自责的痛苦。如一个人性张力过大，做梦时都梦见另一个人与异性在发生性行为，这是自我为了逃避超我的责难，又要满足自我的需要，将自己的欲望投射到别人的身上从而得到一种解脱的心理机制。

退行——当人受到挫折无法应付时，即放弃已经学会的成熟态度和行为模式，使用以往较幼稚的方式来满足自己的欲望，这叫退行。如某些性变态病人就是如此，成年人遇到性的挫折无法满足时就用幼年性欲的方式来表达非常态的满足，例如在异性面前暴露自己的生殖器等。

隔离——将一些不快的事实或情感分隔于意识之外，以免引起精神上的不愉快，这种机制叫隔离，如人们来月经很多人都说成“来例假”，人死了叫“仙逝”“归天”，这样说起来可以避免尴尬或悲哀。

抵消——以象征性的行为来抵消以往发生的痛苦事件，如强迫症病人固定的仪式动作常是用来抵消无意识中乱伦感情和其他痛苦体验。

转化——指精神上的痛苦、焦虑转化为躯体症状表现出来，从而避开了心理焦虑和痛苦，如歇斯底里病人的内心焦虑或心理冲突往往以躯体化的症状表现出来，如瘫痪、失音、抽搐、晕厥、痉挛性斜颈等等。病人自己对此完全无知觉，转化的动机完全是潜意识的，是病人意识不能承认的。

补偿——是指个体利用某种方法来弥补其生理或心理上的缺陷，从而掩盖自己的自卑感和不安全感，所谓“失之东隅，收之桑榆”就是这种作用。

合理化——是个体遭受挫折时用利于自己的理由来为自己辩解，将面临的窘境加以文饰，以隐瞒自己的真实动机，从而为自己进行解脱的一种心理防御机制，如狐狸吃不到葡萄就说葡萄是酸的。

升华——指被压抑的不符合社会规范的原始冲动或欲望用符合社会要求的建设性方式表达出来的一种心理防御机制，如用跳舞、绘画、文学等形式来替代性本能冲动的发泄。

幽默——是指以幽默的语言或行为来应付紧张的情境或表达潜意识的欲望。通过幽默来表达攻击性或性欲望，可以不必担心自我或超我的抵制，在人类的幽默中关于性爱、死亡、淘汰、攻击等话题是最受人欢迎的，它们包含着大量的受压抑的思想。

反向形成——自认为不符合社会道德规范的内心欲望或冲动会引起自我和超我的抵制，表现出来会被社会惩罚或引起内心焦虑，故朝相反的途径释放，导致反向形成。如有些恐惧症的病人内心是渴望接触异性的，但却偏偏表现出对异性的恐惧。

《梦的解析》出版

当弗洛伊德开始觉得自己更有信心时，有了另外一个新的改变。自1886年他以沙考的忠诚门生身份回到维也纳，到出版《歇斯底里的研究》，他已经缓慢而稳健地摆脱了沙考思想的影响。1889年，他第一次公开反对沙考关于歇斯底里症的本质的看法；1893年，他更公开地发表文章批评歇斯底里症的麻痹状况。不久，弗洛伊德发现了四种神经病原：歇斯底里、意志萦扰、焦虑性神经病原、神经衰弱，每一种都有不同的“性”病因。1896年，他信心十足地指出，四种神经病原全都是由幼年时代潜意识的性事件而引起的。如此一来，沙考的遗传论就被排除于病因之外了。

※ 睡眠障碍是神经衰弱的表现之一

和布劳尔的联系终于断绝了，弗洛伊德进入了另一个时期，他后来称之为“精彩的孤绝”期。他在1896年时叙述道：“我达到了寂寞的巅峰，失去了全部的老朋友，还没有

交上任何新朋友；没有人注意我，而唯一使我向前进的是一点儿向传统挑战的决心，以及写《梦的解析》的心愿。”

弗洛伊德知道，他和布劳尔决裂以后，唯一使他不致孤立无援的是弗莱斯的友谊。维也纳和柏林的遥遥相隔使这两个人很难见面。但是，他们通信不辍，信中流露出对彼此的关怀。

弗洛伊德已经养成了在感情上依赖弗莱斯的习惯，这是他唯一可以倾吐思想而不怕被耻笑的人，而且彼此的依赖性随着他们在医学上的联系而加强。虽然布劳尔曾经是弗洛伊德的家庭医生，弗洛伊德却有好一阵子特别愿意听从弗莱斯的建议，尤其是1893年发现的可能威胁到他生命的心脏病问题上。

弗洛伊德虽然是犹太人，但他与犹太商人们不同，他没有什么钱，家庭人口又渐渐多起来，而且他很喜欢与权威者争论。他曾经有许多富有的病人，但是大部分都是布劳尔介绍来的。此外，他正打算向顽固的大众强势推销一种精神病理论，他知道势必触怒医学界和近乎神圣不可侵犯的天主教权威。

弗洛伊德能坚持理想的原因之一是他天生不屈不挠的野心；另外一个原因是外来反对对他的刺激。但是还有第三个原因不太为人所知晓，那就是当时一般的风气，即人们欢迎观念的产生。

19世纪的最后三十多年，由于医学上的进步，引导着人们更深入地去了解心智问题。

第一届国际心理学大会已经于1889年在巴黎召开。1890年，出版了威廉·詹姆士的《心理学原理》以及弗雷泽的《金枝》——它深入地探讨了人类器官的诞生和成长。这是两部对弗洛伊德的思想有着重要影响的著作。

维也纳圣斯特凡教堂

※弗洛伊德故居内景

1895年以后的五年，是弗洛伊德生龙活虎的时期。在他仍旧从事于“歇斯底里的研究”最后阶段之际，他首次透彻地分析了自己的一个梦。这对他以后的工作是极具重要性的。他后来开玩笑地问，他睡的那个地方将来会不会竖立一个牌子，上面写着：“1895年7月24日，在这间房子里，梦的奥秘让西格蒙德·弗洛伊德博士窥见了。”

1897年，弗洛伊德开始进行旷日持久的自我分析工作，这个工作因他父亲的去世而提前进行。同时，他又犯了一项错误，他自称是“最大的错误”，那就是“诱惑理论”的形成。虽然这项理论的命途多舛，却引导他发现“恋母情结”，不久后，他认为那是精神发展的主源。这几年，他继续从事《梦的解析》的写作，这本书被大家公认是他的所有著作中最具有影响力的。

19世纪最后几年，另外一个想法逐渐加强，即在挖掘神经质症隐藏的原因上，梦的解析是一种有非凡价值的工具。

弗洛伊德曾经在《歇斯底里的研究》一书中的一个注脚里，叙述他对自己的梦的分析的片断。他写道：“几个星期以来，我不得不把我睡惯的床换一张比较硬点的，在硬床上，我比较会做到比一般睡眠更深的深度。在我醒来的头十五分钟，我会记得我晚上所做的梦，于是我可以把它们一一记下，再设法去解析。”

弗洛伊德深信，梦是不可理解的睡眠经验之杂乱堆砌。他自己的“伊玛之梦”经过详细分析后使他信心倍增。当他用同一方法作自我分析时，更加熟中生巧。他的观念并不是全新的，以前的学者就曾指出“梦包括了一波又一波的不连贯的无聊”“梦的许多功能中，包含了希望的实现”等等。

弗洛伊德开始写《梦的解析》一系列文章，头一篇是三万字的论文《梦的问题的科学文献》。

这就说明了为什么他在从医早期时，费尽心血，搜集病人、同事和他自己的梦。高潮在“伊玛的注射”上面，后来把它当作“典型的梦”。

《梦的解析》一书，于1899年11月（虽然书上注明为1900年）在莱比锡和维也纳印行。作者在扉页上宣称：“那是我自己的肥料、自己的种子培育而成的！”此外，它的确把分析从一种狭义的治疗方法，扩展为一种潜意识的心理学。它的重要性是不容置疑的。

但是，弗洛伊德对自己的梦和他病人们的梦的叙述，只是他庞大工作的一部分。遍览了现存有关

※现在的莱比锡

※表情严肃具有学者气质的弗洛伊德

梦的文献并分析了“伊玛的注射”那个梦以后，他接着提出了一个解释梦的奇幻性质的理论，然后阐述它们的意义。基本上，他的假说是这样的：每个梦代表一个希望的完成。当人们睡觉时，抑制住潜意识内容的障碍已经降低，于是它们浮现成梦的意识。然而，在梦中呈现的，仅是弗洛伊德所称的“潜伏的”物质由“梦化工作”转化为物质内容的表现。“梦化工作”有各式各样的构成因素，每种都赋予梦稀奇古怪及不可思议的性质。在弗洛伊德以前，似乎没有人去留心解释这方面的情形。

“梦化工作”的过程，包括“浓缩”“替代”和“象征”。一些批评他的人也不得不承认，这些作用是对梦的性质首次提出合理的解释，而以前却不曾有人发表过令人满意的答案。

《梦的解析》一书出版后六年内，只卖了三百多本。但是我们不能单以销量来衡量一本书的价值和影响力的大小。弗莱斯告诉弗洛伊德，柏林有十几个读者。弗洛伊德也承认："在我这里也有些读者，但目前跟随者的时机尚未成熟。而我的书有太多新鲜且大胆的论点，严格的证明却嫌太少。"

再版时，弗洛伊德不顾传统的反对，加入了新的材料，而且继续修正他的理论，至少在细节上，介绍得更为详细。然而，批评仍旧继续着，直到1921年，他发现有必要在第六版上重新写序。

※弗洛伊德认为性是一切行为的潜在动机

弗洛伊德的著作未能获得它应有的注意。该书出版后许多年，仍然没有人提到它，即使是最重要的主题也无人提起。所谓“梦的研究工作者”也不曾引人注意，这给人们提供了最鲜明的反例——科学家居然不追求新知。

即使在20世纪的初期，他仍然对未来感到悲观。他对弗莱斯抱怨说：“这个新世纪带给我的，只是愚蠢的评论。无论如何在我有生之年，都不指望任何人给我认可了。”

1895年年底，事情进行得很顺利。他每天处理六到八个病例分析——大多数都是很有趣的东西，各式各样的新材料。他每天花九到十一个钟头在病人身上。然后，晚上十一点钟时写各种报告。

他现在已有能力开始偿还欠布劳尔的两千三百佛罗林。十二个月之后，他的事业更顺心了。病人成群地拥来，每个工作日他要主持十或十一个治疗阶段。

这大概是他工作负荷的极限了。因为他还要继续自己并不太喜欢的工作——在大学里授课。

虽然大多爬上柏格街19号楼梯的病人患的病纯属不必外在帮助就能治疗的精神困难，但是也有例外。其中一个例外是“伊玛”，弗洛伊德全家人都认得她，她也是弗洛伊德曾经解释的最著名的梦——他自己的梦——的主角。

1895年夏天，弗洛伊德和家人在“舒罗斯伯勒优”（耸立在维也纳郊外山丘上的一幢华丽宅第）度暑假。这屋子以前是供人举行舞会和音乐会的地方，现在已经改为舒适的家庭旅社。7月23日的晚上，弗洛伊德在这里做了一个梦，后来就成为家喻户晓的“伊玛的注射”的梦。

他会对梦产生兴趣，和他所使用的自由联想有关。因为他发现，许多病人叙述自己的梦时，梦中情境鲜明。他们清楚地说出来，可见他们认为梦和别的可理解的现象一样重要。基于这种现象，他认为梦并不是如大多数人所主张的没有意义，而是可提供许多线索，引导医生发现一个病人压抑在潜意识中的事件。

弗洛伊德在《梦的解析》中所叙说的故事是这样的：

1895年夏天，我正在为伊玛治疗，她是一个年轻的女人，也是我们家的朋友。她的歇斯底里焦虑症已经好多了，但是她还有其他身体上的疾病。我建议她做点事，但是她拒绝照做，于是治疗就中断，因为我们全家去度假了。

7月23日，有一个同事到旅社来见我，那人和病人以及病人的父

母同住在乡下。他告诉我，女孩子“比较好了，但没有全好”。我察觉到同事脸上有不满的神色，于是那天晚上我就写出病人的病历，把它交给了M医生的两位普通朋友（那时是我们圈里的领导人物），为的是澄清我的立场。

玛莎的生日再过几天就要到了，她告诉我伊玛到时也会来庆贺。伊玛的病例至少占据了我思想的一部分，于是那晚我做梦了。第二天醒来，把梦记录了下来：

一个大厅中，我们的宾客如云，而伊玛也来了。我立刻把她拉到一旁，好像在回复她的信，并责备她不曾接受我提议的“办法”。我对她说：“如果你仍感到痛，那实在只是你自己的错。”

她回答说：“如果你知道我现在喉咙、胃和小腹都疼痛，你就不会这么说了。”

我很惊讶地看着她，她脸色苍白而肿胀。我独自想：我一定是没有注意到某个器官问题。我拉她到窗前，向下望她的喉咙，她做出反抗的样子，好像戴了假牙的女人。我自忖：她实在没有必要这样。后来，她乖乖地张开嘴巴，我在右边发现了一大块白色的东西了，在另一个地方，我看见许多灰白色的疤。我立刻请M医生来，证实我的看法。我的朋友奥图正站在她旁边，而另一位朋友里奥波德正隔着她的衣服听诊，说道：“她左下方有一个没有反应的地方。”他又指出左肩的一部分皮肤被细菌渗透

※步入中年的弗洛伊德

了。”……M医生说：“毫无疑问，那是发炎，但是没有关系，痢疾将会接踵而来，毒素就会清除。”……

我们也立刻知道了发炎的起因。原来，不久以前，我的朋友奥图为她注射了一大堆丙烷基、丙酸、三甲胺……他不应该这么没头没脑地注射这些东西，而且注射筒大概也没有消毒干净。

弗洛伊德在解释梦境时，能把梦中的每个细节，与最近所发生过的或讨论过的事物联系在一起，并非梦中所有的事都与伊玛有直接的关系。梦中弗洛伊德把伊玛带到窗前，看她的喉咙时，就浮现了早先他检查一位美丽的贵妇，并发现她的假牙的情景。白块和灰疤也和醒时的经验有着清晰可指的连接。最后，弗洛伊德对这个梦下了肯定的结论。他写道：“这个梦指出了一大堆其他的因素——使我脱卸了对伊玛情况的责任。这个梦呈现了我应该希望的许多事件的特殊状态。因此，它的内容就是被压制的希望的实现，而它的动机就是一个希望。”

知识链接

《梦的解析》

《梦的解析》又译做《释梦》，经典心理学书籍，该书开创了弗洛伊德的“梦的解析”理论，被作者本人描述为“理解潜意识心理过程的捷径”。该书引入了本我概念，描述了弗洛伊德的潜意识理论，用于解释梦，被誉为改变人类历史的书，是精神分析理论体系形成的一个重要标志。《梦的解析》与达尔文的《物种起源》、哥白尼的《天体运行论》并称为导致人类三大思想革命的经典之作。根据弗洛伊德的观点，梦都是“愿望的满足”，尝试用潜意识来解决各部分的冲突。不过，由于潜意识中的信息不受拘束，通常让人难堪，潜意识中的“稽查者”不允许它未经改变就进入意识。在梦中，潜意识比清醒时放松了此项职责，但是仍然在关注，于是潜意识被扭曲其意义，以通过审查。同样，梦中的形象通常并非它们显现的样子，按照弗洛伊德所说，需要用潜意识的结构进行更深的解释。

第一个大错误

1900年，做完了他对伊玛的梦的解释以后，弗洛伊德下结论道："我并不以为我已经完全揭露了这个梦的意义，或者说它的解释没有瑕隙。"

1900年9月间，弗洛伊德因为健康原因去柏林看弗莱斯，但是当他们讨论自己的想法时，他再一次被友谊滋润得兴奋不已。

弗洛伊德的新工作，是提供一种可以归类为自然科学的心理学。也就是说提出可辨识的物质粒子来解释人类的精神领域，并使心智演进的过程明显而不矛盾。他所提出的粒子是三种神经细胞：phi

神经细胞

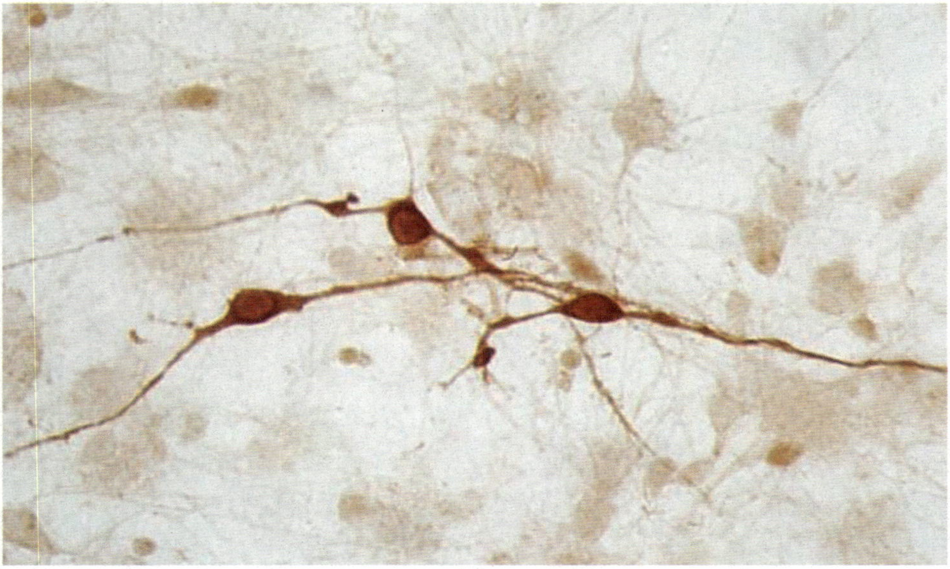

（神经细胞）、psi（神经细胞）和omega（神经细胞）。

他希望根据这些基本的构成物，以物理学和脑生理学而非心理学的语言来叙述心理学的知识。弗洛伊德在《计划》（后来称为《神经病理学者的心理学》）这本书中树立了复杂的机械架构，它的运作使任何心理学的状态都可以用生理学的名词来解释。《计划》一书不仅解释了“记忆”的问题，而且解释了精神能量得以聚集的过程。另外，它还包括了许多观念，后来又继续发展成为精神分析体系中重要的一环。

工作于1900年10月完成。弗洛伊德把原稿寄给弗莱斯，他高兴地写道：“凡事都已就绪了，齿轮环环契合，我简直认为它是一部机器，一会儿就会转动了。”

但弗洛伊德这种满意的情绪没有维持多久。一个月后，他从山峰跌到谷底。他告诉弗莱斯说，不懂自己所编造的布局中的人类思维状态，但他又极不愿意放弃《计划》一书的中心观念。很多年以后，他仍然对此抱有希望，以为可能以神经系统的有机元素来代表神经细胞系统的精神路径。但二十年以后，他不得不承认，自己在这一方面始终没有进展。

弗洛伊德在一封给弗莱斯的信上写道：“请注意，我想到一件重要的事情：歇斯底里现象的产生与青春期以前的主要性经验以及剧变和恐惧有关，而意念萦绕性的精神病是受到了同样的经验加上快乐而形成。”

在1895年年底，弗洛伊德仍然只和弗莱斯共享这个信念的秘密。翌年初，他完成了《计划》中的三篇文章的第一篇，文中对这个观点有较详细的叙述。这一次，弗洛伊德显然发觉他终于击中了成名的脉门；如果他发现了伟大的医学临床奥秘，则可以尽可能少地招人们议论。

三篇文章中的第一篇是《遗传与神经病的病源论》。第二篇文章是《防卫性神经病的再评论》，叙述了支持他理论的病例。但是，使弗洛伊德的旗帜异常鲜明的是他在维也纳的“神经及精神病学学会”的一次演讲，这次的演讲内容形成了他第三篇文章的基础。

题名《歇斯底里的病源论》的演讲被批判性地接受，后来成篇出版，大部分内容都受到攻击。演讲过后，学会主席卡夫特·伊宾总结了大家的感觉，直截了当地说：“弗洛伊德，你的演说听起来好像一个科学的神话故事。”

《歇斯底里的病源论》在美国

也未受到好评，人们说那是“西格蒙德·弗洛伊德愚蠢的结论”，说“他应该再试一遍”。

弗洛伊德继续坚持他的理论，并以科学客观态度面对他的理论。他宣称，这段时期他曾经把许多心血放在“诱惑理论”上。1896年整年和1897年的上半年，弗洛伊德继续从他的病人身上搜集更多的资料，以印证他的“诱惑理论”。他透露：理论的证实和“压力技巧”的使用有很密切的关系。

事实上，如果不是因为两件事情，弗洛伊德可能一直继续相信“诱惑理论”。其一是1896年秋天父亲的逝世，另外就是他丧父后投入大量精力所做的自我分析。

弗洛伊德的父亲死于1896年10月23日。大约十天以后，他认为有必要作自我分析了。他在日记上写道：“老人家的死，借着意识之后的朦胧路径，影响我至深。我极为尊敬他，而且实际上非常了解他。他深邃的智慧和宽容的体贴奇妙地糅合在一起，对我的生命有着极大的意义。他虽然离去，但是整个过去不停地在搅动着我的内心。我现在觉得整个人好像被连根拔除似的！”

1897年6月初，玛莎六个小孩子和明娜，都到山间观光胜地奥西去旅行了。弗洛伊德独自在维也纳工作了好几个星期，8月初才和家人会合。他和玛莎回到维也纳，写信向弗莱斯报告近况，悲伤地承认，他

维也纳国家歌剧院

维也纳城市景观

煞费苦心建造的“诱惑理论”没有合适的基础。他说：“让我开门见山地告诉你一个大秘密，我最近几个月逐渐觉悟，我不再相信我的神经机能病。”

卡夫特·伊宾所谓的“科学的神话”并不是不正确的评论，但是相隔六年以后，弗洛伊德才公开承认自己的错误。

回顾以往，他明白自己所犯的错误。他承认道：“分析已经循着正常的路径，带回到这些幼儿的性创伤，但是它们却不对。现实的稳固立场已经消失了。那时候，我真恨不得放弃整个工作……我之所以执著，也许只是因为我不再有选择的余地，不能再重起炉灶！”1907年，他仍然私底下认为被“那第一个大错误弄得晕头转向”。又过了五年，他仍然对他的第一个错误耿耿于怀，坦白地对一位朋友写道：“我现在将要张大眼睛，看好每一步路了！”

弗洛伊德仍然执著地相信，“在精神世界里和在物质世界里一样，每一件东西都有一个原因，只要我们耐心和敏锐地去找寻，一定可以发现”。弗洛伊德在这种信念支持下，回顾他和精神病患者相处的职业经验，他记起和他们许多人在一起时，现实中感到的恐惧已经转变成为潜意识，病人渴望将这种恐惧表达出来。

“恋母情结”理论

1897年，当弗洛伊德哀叹“诱惑理论”成为废墟时，他继续做着许多个月前就开始的自我分析。这个举措，是他解答自己的精神问题的转折点，与“诱惑理论”的破灭及它的代替品的产生相契合。因此，它对弗洛伊德自己的发展和精神分析的过程起着重要的作用。

俄狄浦斯情结即恋母情结

从弗洛伊德的叙述里，我们根本不清楚他所记录的自我分析的事情中，哪些是特别的回忆，哪些是梦，哪些又是梦的解释。但是他确实做了一些努力，比如他去问他的母亲，向她求证可能求证的事。不过很可笑的是，后来他自己警告说，这种做法是很危险的。他说，孩子们自由地记忆故事，往往比父母的记忆更为可靠。“因此，人们不免自然而然地采取捷径，为填补父母记忆的不全而去问他家里的兄妹。”

1897年10月15日，弗洛伊德向弗莱斯报告他的自我分析中最重要的结果：“在我自己的案例里，我已经发现我爱母亲并嫉妒父亲。现在我相信，那是幼儿的一般现象，虽然它并不一定很早就出现于患歇斯底里症的儿童身上。”

三年后，弗洛伊德公开地在《梦的解析》中揭露“恋母情结”理论。他说：“忒拜的国王俄狄浦斯的命运，或许也可能是我们的命运，所以才使我们感动。因为我们和他一样，命中注定会有那样的经历，把我们起初的性冲动指向母亲，而我们起初的仇恨和谋杀意图则对准父亲。”

弗洛伊德的观点，一方面根据他自己的梦重组，一方面根据他的自我分析。他认为一个襁褓时期的男孩子，身体上和感情上都对母亲有所依靠，但到了四五岁时，就会被更强的东西取代。“男孩子希望拥有他的母亲，而母亲则在他体验摸索性的生活中被神圣化……在他早期醒觉的男性意识下，希望取代父亲的地位而拥有母亲……而他的父亲现在变成横梗中间的仇敌，他恨不得除之而后快。”

弗洛伊德为女孩子创设的平行理论是“恋父情结”。他认为：起初她们的生活也以母亲为中心。后来，她们发现男人拥有一根阳具，她们就把对母亲的爱移转到父亲身上，潜意识地埋怨母亲没有阳具。

根据弗洛伊德的说法，男孩和女孩应付那些情况的方式，会影响他们的一生。因为成长中的儿童必须学着支配早年受压抑的情结，而且达到在感情上和父母的分离。

弗洛伊德的年事越长，他的信念越坚定，愈发认为恋母情结是精神分析上整个结构的中心支柱。他每次和人讨论时，态度都异常主观。

长久以来，大多数弗洛伊德的追随者，都同意“恋母情结”的卓越性与重要性。但是也有一些人，虽然相信有客观的证据印证它的存在，但却觉得弗洛伊德太过于强调它的重要性。他们认为他引申了不

知识链接

恋母情结

所谓“情结”是指情感上的一种思恋和寄托。恋母情结，又称俄狄浦斯情结，在精神分析中指以本能冲动力为核心的一种欲望。通俗地讲是指男性的一种心理倾向，就是无论到什么年纪，都总是服从和依恋母亲，在心理上没有断乳。

恋母情结来源于古希腊古罗马的神话与传说。传说忒拜国王拉伊俄斯受到神谕警告：如果他让新生儿长大，他的王位与生命就会发生危险。于是他让一个猎人把儿子带走并杀死。但那个猎人动了恻隐之心，只将婴儿丢弃而没有杀死。丢弃的婴儿被一个农民发现并送给其主人养大。多年以后，拉伊俄斯去朝圣，路遇一个青年并发生争执，他被青年杀死。这位青年就是俄狄浦斯。俄狄浦斯破解了斯芬克斯之谜，被忒拜人民推举为王，并娶了王后伊俄卡斯特。后来忒拜发生瘟疫和饥荒，人们请教了神谕，才知道俄狄浦斯杀父娶母的罪行。俄狄浦斯挖了自己的双眼，离开忒拜，四处漂泊。

恋母情结的本质是相似和互补。以男孩为例，他与父亲同性，所以相似，而相似引起认同，使男孩以父亲为榜样，向父亲学习，模仿父亲，把父亲的心理特点和品质吸纳进来，成为自己的心理特征的一部分。男孩与母亲不同性，两性可以互补，取长补短，相依为命，这就是恋爱或对象爱。于是，男孩与自己的父母形成了最基本的人际关系，这种人际关系可以用“恋母仿父”来概括。恋母和仿父常常相互促进。父亲爱母亲，而男孩模仿父亲，他就会越来越爱母亲；母亲爱父亲，男孩为了获得母亲的欢心，必须让自己越来越像父亲。

按照弗洛伊德的观点，恋母情结是最基本的人际关系，也是最早发生的人际关系，长大以后的各种人际关系都不同程度地受恋母情结的影响。可以说，后来的各种人际关系都是恋母情结的变形。恋母情结随着人的成长而变化：三至六岁出现的恋母情结是第一恋母情结。进入青春期后出现了第二恋母情结，第二恋母情结的对象不再是自己的亲生父母，而是父母的替代者，即家庭之外的两位长者，可以是父母的朋友，也可以是自己的老师、历史上的名人或当红的明星。其相似作用表现为对一位替代父母的人的认同，模仿他，学习他，崇拜他；互补作用表现为爱上一位年纪比自己大许多的异性，这种现象叫作“牛犊之恋”。

这个时期的孩子喜欢编造“身世幻想”，其特点是想象自己不是现在的父母所生，而是从小被领养的，“亲生”父母比现在的父母要高贵得多。于是告别养父母，踏上寻找亲生父母的征途，经过一番艰难险阻终于找到了亲生父母。不难看出，身世幻想实际上是第二恋母情结的反映，致使亲生父母被换成了养父母，而父母的替代者被换成了“亲生”父母。摆脱父母，为自己寻找父母的替代者是青春期的普遍心理。这种心理如果过分强烈，就会导致“非血统妄想”，即毫无根据地认定自己不是现在的父母所生。

随着年龄的增长，恋母情结的对象渐渐年轻化，终于被同龄人所取代即出现第三恋母情结。此时，相似作用表现为与同性的同龄人形成友谊，互补作用表现为与同龄异性相爱。真正意义上的友情和爱情产生了。为什么恋母情结的对象会越来越年轻呢？这是因为，恋母情结的对象虽然来源于父母，但又不是现实的父母，而是父母的意象。心中的意象不会随着年龄的增长而变老，因此，个体在长大，而父母意象不长大。相对于个人的年龄，父母意象越来越年轻，恋母情结的对象也越来越年轻。

存在的“普遍存在说”以及用心理学上的术语来阐释一种生物学上的主要现象。

另外一个更严重的批评是：弗洛伊德假想人类每个个体都有和他一样的心理发展。在他的跟随者眼中，这是一个真诚的假设，而不是一般人所谓的草率假设。

事实上，一个小孩的异性父母对他的吸引力确实很强，但一个男孩子最后与他父亲的认同，比较可能的是钦佩他父亲，而不可能是害怕的结果。正如弗洛伊德所指出的，在有慈祥的母亲和严厉的父亲的家庭里，似乎最可能产生同性恋。弗洛伊德认为恋母情结是个人人格发展的一个重要因素，虽然许多人否认恋母情结的存在，这是他们压抑的结果，没有发现不能作为不存在的依据。

《性学三论》出版

现在开始，弗洛伊德正领导一群人数日增的支持者，有时迂回而行，有时勇往直前，虽然横遭险阻，但是永远矢志不移地追求着理想。

弗洛伊德在1905年他的三本出版的书中，以不同的方式向理想迈进着。第一本书是《智巧的尝试》，书中所叙述的正如标题注明的是“智慧及其与潜意识的关系”。这本书和《日常生活的精神病理学》一样，阐释日常生活和潜意识的关系，使精神分析的学理易为一般人所接受。第二本是《少女杜拉的故事》，此书刚完稿时，因为怕被人指责草率，所以一直没有出版。它与梦的分析有关。第三本是《性学三论》，在这本书里面弗洛伊德早先研究的神经官能症得以开花结果，叙述了“幼儿性欲”的逻辑理论，同时完成了他以后一辈子被人痛击的信念

※弗洛伊德拿着雪茄的照片

的主要结构。

在此大约五年以前，弗洛伊德为一个名为“杜拉”的十八岁少女作精神分析，她在十一周后就不再接受治疗了。1901年元月，他完成了杜拉的病例报告，于25日写信给弗莱斯说：“那是一个歇斯底里症的分析片断，分析环绕着两个梦而成，因此，它是《梦的解析》一书的延续。它也包括歇斯底里症状的解答。”他还说这篇文章已经被几位编辑接受了。但是他们老是改变主意。

事情发生于1900年10月，一位富商（他曾是弗洛伊德的病人）把他的女儿杜拉带到柏格街19号。杜拉的病情是呼吸急促、咳嗽不停，而且时常昏厥。在她来维也纳以前，曾经写过自杀的留条，但是她的父亲并不怎么在意。这所有的症状被认为是神经官能症的症状，而在弗洛伊德抽丝剥茧的追问下，发病的原因已显明了。原因太多，使这个病例读起来像小说，而不像真实的故事。

杜拉的父母婚姻不美满，是另一对怨偶（弗洛伊德称他们为K先生和K太太）的好朋友。K太太后来成为杜拉父亲的情妇，K先生想要诱奸杜拉，却没有成功。K太太和杜拉之间，有恩斯特·钟士所说的“一种温暖，却不涉及肉欲的同性恋关系”。不仅如此，虽然杜拉严拒K先生，但她对K先生、父亲以及K太太，都有压抑的性欲。

弗洛伊德解释杜拉的两个梦而揭露了性动机的复杂迷宫，这是

知识链接

《少女杜拉的故事：一个癔症案例分析的片断》的内容虽然是对一个癔症病例的片断分析，但书中的情节描述真实感人，分析详尽透彻。不仅专业人士会从中获得积极的学术启迪，而且普通读者也能从本书的字里行间体味到精神分析的无穷魅力。 这是弗洛伊德一生中写下的唯一一本非学术性长篇作品。他说：“我绝不会犹疑与人甚至是与女孩子谈论性这个问题。在这本病历中，性的问题将被公开坦白地讨论，性器官与性功能有适当的、科学的名称。”这部作品是弗洛伊德学说从假说走向科学的代表作，它不仅是一份严谨的科学报告，还是一个充满悬念、文笔优美和引人入胜的文学故事。

※ 弗洛伊德认为性欲是人的本能，幼儿时代就已存在

杜拉自己都不曾察觉的。但是她在十一周后结束了分析，表面上是要使弗洛伊德难堪，但极可能是抗议他所告诉她的事情。弗洛伊德相信神经官能症的产生与“性”有关，并以此理论来解决杜拉的问题。他在1905年出版的《性学三论》中对这个见解有更详细的阐述。

《性学三论》是一本仅有八十六页的书，书中贯穿了他从1880年以来的各种发现，是一种严谨的“性发展”理论。三篇论文讨论的是：“性的神经错乱”“幼儿性欲”和“青春期的转换”。弗洛伊德不动感情的讨论态度以及它的主题，都使当时的人感到受到了冒犯。

弗洛伊德认为，幼儿的性欲有三种连续的类型。最初是“口腔活动期”，快乐源于从母亲的乳房摄吸奶汁；接着是“肛门活动期”，由于抑制住粪便而产生快感；第三是“阳物崇拜时期”，呈现出“恋母情结”的乱伦幻想。然后进入潜伏期，一直到青春期。弗洛伊德在《性学三论》里没有清楚地把这三种不同的活动划分开来，后来他估计，肛门阶段大约始于两岁。而性器阶段要迟一两年才会发生。

弗洛伊德后来从两方面来演绎性本能发展的理论：第一，他主张这些不同形式的性冲动的满足与表达，抑制和升华，都支配着成年人的性格。第二，他主张，任何一阶段的被抑制和以后的精神失调有关系。譬如说，在口腔阶段早期的被抑制，与提早衰老性痴呆症有关；口腔阶段后期的被抑制，与忧郁症有关。肛门阶段早期受抑制则会造成偏执狂，肛门阶段后期受压抑会引起分神精神病，而性器崇拜阶段的失调，则引起歇斯底里症。

这些理论的命运各有不同。许多证据似乎支持幼儿性欲的三分法，以及被压抑的冲动与精神失调有关的假设。比较无法证实的是，早年本能的满足、压抑和升华都会影响成年人的性格。弗洛伊德的《性学三论》在某些地区受到欢迎。在英国，《英国医学杂志》几乎用了一页的篇幅来赞扬弗洛伊德，并宣称："当然，如果你对作者的睿智、勇气和追求真理的无止境耐心没有深切的认识，你是不能读这些论文的。读了它们后，就不会再怀疑，为什么我们需要对逐渐揭开的性生活有全部的知识和更谨慎的引导。"

从1905年年底开始，尽管弗洛伊德受到许多人的指责，但他的名声也正逐渐地提高。不久，他在英国、美国和瑞士又有了一小群支持者。

在英国，拥护者以恩斯特·钟士为中心，他是二十六岁的威尔士人，在伦敦大学附属医院工作。他身材瘦小，脸部轮廓很深，只有下西洋棋和花式溜冰这两种爱好。钟士的工作能力极强，而且一直忠诚不移地支持精神分析。1905年他读到一篇介绍弗洛伊德理论的论文，从此知道了精神分析，并因此开始学德文，希望能阅读弗洛伊德的原文。

知识链接

《性学三论》

《性学三论》主要研究人类性欲的本质及其发展过程，这是弗洛伊德继《梦的解析》之后对人性探讨最富创见和最永恒的贡献之一。弗洛伊德透过精神分析的技巧，运用治疗病人的实际资料，对性的问题作了一番有系统的分析、研究，并阐明了他的性学学说。他把性的问题分为性的对象、性的目的、性的表现方法等几个方向来探讨，大胆开辟了性研究的新领域，并且强调在学校加强儿童的性知识、性观念的教育，提出了许多至今仍值得我们借鉴的精辟见解。其革命性与重要性足与《梦的解析》等量齐观。在本书中弗洛伊德道出了对人性与人类行为动机的主要看法。第一篇是《性的神经错乱》，详论同性恋、性错乱及心理症患者的性冲动。第二篇是《幼儿性欲》，详细分析幼儿性的性欲来源、目的及其表达方式。第三篇是《青春期的转换》，包含弗洛伊德著名的原欲理论。弗洛伊德的《性学三论》是独一无二的性学理论的经典。它不但是变态心理学学者们的瑰宝，而且，由于它对人性发展作了系统和完整的探讨，受到心理学家、人类学家、社会学家以及一般知识分子的推崇。

拓展精神分析领域

精神分析运动在第一次世界大战前夕分裂成为三个团体：一组追随弗洛伊德，另一组追随荣格，而阿德勒派则在外围活动。分裂的原因是各自对精神病因及其治疗有不同的见解。

弗洛伊德誓死领导精神分析运动，将它严格地界定在他设计的界限里；而荣格同样对自己满怀信心，于是竞争呈白热化。虽然以往的争执都集中在精神分析的医学价值方面，但这时候，却有了别的发展。“人类的活动经常是由深藏在潜意识的不知名的冲动而造成的”，这种不容置疑的证据，已经逐渐使精神分析被非医学界的人们重视与应用。

一旦学者们承认，人类可以被他们所不知道的各种动机驱使，那么不可避免的，这个事实就应该被用来帮助解开历史和传记的谜。

推断作家创作小说和戏剧中伟大人物的动机，的确是一项知识分子最感兴趣的团体游戏！我们应该记得，18世纪的英国小说家劳伦斯·斯特恩，为情节而创造及领导书中的人物，而莎士比亚也领导他书中的人物，使观众一直悬疑到剧终。

尽管困难重重，但弗洛伊德仍然将精神分析运用到文学创作者和他们的作品上。19世纪末，他“对触及大自然的最大奥秘之一”的信心已经增加。早在1897年，他已在考虑如何运用精神分析解开民俗文学的奥秘。

名人名言

生理健康由心理健康决定，心理的变化会改变人身体腺体的分泌变化，而分泌的不平衡就会产生生理疾病。

——弗洛伊德

※蒙娜丽莎

在他所倡导的“以精神分析解释文学”这一运动还没有获得热烈响应以前，他又提出另一种非临床的运用。他相信精神分析可以在法庭上，帮助法官判断被告是否有罪。荣格曾经在维也纳大学法律系学生研习会所举行的假设法庭上，为他做了实验。

1907年，弗洛伊德在海勒出版社的大厅里，向一群专家发表演讲，题目是《具有创意的作者和白日梦》，其主题又回到了对文学潜意识来源的揣测中。

1910年春天，弗洛伊德完成了他对文学和艺术的短程涉猎，发表了《达·芬奇和他幼年时的记忆》。除了三十年以后的《摩西与神教》外，这篇文章比起其他非医学著作，引起了更多的争论。

其实弗洛伊德开始对达·芬奇感兴趣是在1897年，那时他正和弗莱斯讨论“左右手习惯使用和两性的关系”。

根据弗洛伊德的研究，达·芬奇是一个私生子，刚生下来的几年里，由他的母亲单独抚养，直到他的父亲比埃洛娶了另一个门第相当的女人后，他才被带回家。他真正的母亲，寂寞而且自怨自艾，把她全部的精神溺爱都放在达·芬奇身上，以致培养出他早年的性欲幻想，也造成了他日后同性恋的倾向。

达·芬奇被带到父亲家后，我们可以认为他有两个母亲。第一个是卡德莉娜——生下他的农家女；第二个是他父亲明媒正娶的妻子。

※达·芬奇

这情形解释了为何达芬奇在巴黎罗浮宫的《圣安娜》画里圣母和圣安娜的年龄看起来一样，而且两个人都挂着谜一般的“蒙娜丽莎”式的微笑。据弗洛伊德说，达·芬奇早年曾遇到蒙娜丽莎，她引起他潜伏着的性欲，唤醒他潜意识中对母亲卡德莉娜的记忆，以致造成他两个母亲同时出现在一幅画中的情形。毫无疑问，弗洛伊德的论文是“一个特别鲁莽的例子，证明意外的家庭组合所发生的冲击”。

对达·芬奇的研究显示，精神分析已渗透到更广泛的领域中，这种扩展引起了许多反对，但弗洛伊德了解势必如此。他也知道，精神分析的方法进入非医学学科后，不仅将吸引完全够资格的人，也会吸引第二流的人。他有很充分的理由忧虑，他曾经写道：“急速发展的结果是：精神分析师以及才智高低不齐的业余人员，经常匆匆地集思广益。这样一来已经把研究的范围伸展到神话学、文明史、人类学和宗教科学等领域。可是在那些方面的专家以及一般大众却没有善待他们。一开始时，他们的方法和发现稍稍受人注意，但不久就被无情地排斥了。”

被排斥的一个原因是不够资格的从事者太多。另一个原因是职业界的许多人仍旧对精神分析用在本身有所怀疑。第二个原因使弗洛伊德在做非医学上的精神分析时小心翼翼。直到1912年，国际精神分析协会显然已渡过难关，期刊《影像》因此得以出版。这份刊物由漠斯·沙克斯创始，由弗洛伊德和兰克共同编辑。

在《影像》第一期里，弗洛伊德强调，把精神分析研究的范围扩展到语言、风俗、宗教和法律等方面是必要的。广泛地说，诸如神话学、审美学、文学、艺术史、哲学、民俗学、刑事学、道德理论等科目都应包括在内。这真是雄心万丈的计划!随着时间的演进，他更加雄心勃勃。二十年以后，弗洛伊德写道：“精神分析可以成为所有以人类文化的进化为中心的科学，以及其主要的学会如艺术、宗教和社会秩序等不可缺少的工具。”

之后《影像》杂志印发了弗洛伊德的一系列文章，这代表弗洛伊德把精神分析运用到了社会学和人类学上。那些简短的文章，充分勾画出他对于人类社会形成的见解。

弗洛伊德脑海中经常盘桓着用精神分析发现宗教的起源以及宗教与人类社会关系的可能性的想法。在写于1907年的《心神困扰与宗教活动》一书中，他拿强迫观念形态的神经质病和宗教的仪式相比较，得出了一个不受人欢迎的结论：宗教本身是一个“宇宙性的分神的神经质因”，而“心神困扰是一种个人化的宗教”。1908年，在《文明化的性道德和现代的精神病》中，弗洛伊德讨论到，当人类社会形成时，个人的本能将受到压抑。

弗洛伊德在1911年春天开始写《图腾与禁忌》。他告诉荣格，希望能在夏天完成。他接着说：“为了这份工作，我需要一间可以独处而且附近有森林的房间。”将近8月时，他的看法有了改变，他说他现在所研究的宗教信仰心理学，可能会占据他许多年的时间。他知道，那会和他对“性”的见解一样不受人欢迎。

《图腾与禁忌》在1913年出版，包括了《乱伦的恐怖》《禁忌与感情的矛盾》《灵魂论》《巫术与思想的万能》以及《幼年时代图腾的回转》等数篇论文。弗洛伊德像荣格一样，搜求人类最古远的祖先的过去。但是荣格的资料包括原始人的神话和几乎不能理解的冒险故事；而弗洛伊德却采取现在仍住在南太平洋和澳大利亚的当代土著人的报告，把他们的习俗和禁忌看作一种社会进化的最终产物，借助精神分析，追溯那些习俗与禁忌的起源。

在第一篇长达一万八千字的论文里，他调查研究了图腾制度中的两大禁忌——不杀图腾、不和同图腾系统的女人通婚。

第四篇论文里，弗洛伊德找到了事情的核心。他指出，图腾即象征父亲。事实上，图腾动物往往被原始民族视为种族的先父，受到尊敬，整个部族的人都声称是这个动物的后代。但是，每个部族每年都会举行一次仪式，将图腾动物杀掉，然后大家抢食。弗洛伊德认为，这种“杀父”的仪式就是图腾制度的中心，也是宗教的起源。

弗洛伊德又斟酌了达尔文的“原始的群众”中的见解——原

※位于弗洛伊德出生地夫来堡的纪念碑

始人类本生活在一个部落里，受一位强大而善妒的男人统治。弗洛伊德据此作了一项假说：原始社会的统治者拥有绝对的权威，并将所有女人据为己有，久而久之，他的子民联合起来反抗并把他推翻，甚至杀死而后吃掉。但是，这次事件以后，他们又为争夺权益而彼此残杀，最后他们终于觉悟，于是团结起来，在象征父亲的图腾兽前，携手合作。为了赎罪，他们决定不杀代表“父亲”的图腾兽；为了防止杀戮事件再发生，他们不再找那些曾导致其杀父的同部族的女人，而

知识链接

图　腾

图腾（totem）是群体的标志，旨在区分群体。运用图腾解释神话、古典记载及民俗民风，往往可获得举一反三之功。图腾就是原始人迷信某种动物或自然物同氏族有血缘关系，而用来做本氏族的徽号或标志。目前图腾又成了现代人的装饰，例如汽车贴纸品牌“爱图腾”里，基本所有产品都以图腾形象为主，代表了一种全新的现代图腾文化。

“图腾”一词来源于印第安语“totem”，意思为“它的亲属”“它的标记”。在原始人信仰中，认为本氏族人都源于某种特定的物种，大多数情况下，被认为与某种动物具有亲缘关系。于是，图腾信仰便与祖先崇拜发生了关系，在许多图腾神话中，认为自己的祖先就来源于某种动物或植物，或者与某种动物或植物发生过亲缘关系，于是某种动植物便成了这个民族最古老的祖先。例如，“天命玄鸟，降而生商”（《史记》），玄鸟便成为商族的图腾。因此，图腾崇拜与其说是对动植物的崇拜，还不如说是对祖先的崇拜这样更准确些。图腾与氏族的亲缘关系常常通过氏族起源神话和称呼体现出来。如鄂伦春族称公熊为“雅亚”，意为祖父；称母熊为“太帖”，意为祖母。鄂温克族人称公熊为“和克”（祖父），母熊为“恶我”（祖母）。苗族、瑶族、畲族的盘瓠传说以及匈奴狼的传说（《魏书·高车传》）都证明了图腾崇拜与祖先崇拜的关联，传说匈奴单于生有两个女儿，非常美丽漂亮，全国的人都把他的两个女儿当作仙女下凡。单于说：“我的这两个女儿凡间的男子怎么能配得上，应该把她们嫁给神

仙才可以。”于是就建筑了一座高大的台子，把他的两个女儿放在上面，说是为了让天上的神仙来迎娶她们。经过了三年，有一个老狼守在台子下面，昼夜嗥叫。他的小女儿说：“我的父亲把我放在这里，想让天人来迎娶我，现在来了一个老狼，这也许是上天让它来的呀！”于是就下嫁给了狼，生了许多儿子。后来他的子孙就繁衍成为一个国家，所以匈奴人好引声长歌，又似狼嗥。

※中国汉族的图腾——龙

图腾的第二个意思是“标志”，就是说它还要起到某种标志作用。图腾标志在原始社会中起着重要的作用，它是最早社会组织的标志和象征。它具有团结群体、密切血缘关系、维系社会组织和互相区别的功能，同时通过图腾标志，得到图腾的认同，受到图腾的保护。图腾标志最典型的就是图腾柱。在印第安人的村落中，多立有图腾柱。在中国东南沿海考古中，也发现有鸟的图腾柱。浙江绍兴出土一战国时古越人铜质房屋模型，屋顶立一图腾柱，柱顶塑一大尾鸠。故宫索伦杆顶立一神鸟，古代朝鲜族每一村落村口都立一鸟杆，这都是图腾柱演变而来的。

开始找陌生女人，于是开始有异族通婚。

按照弗洛伊德指示出的途径，如果人们能投注更多的精力用精神分析的解释来研究古代的礼仪，那么，精神分析的理论也一定能投注在艺术和艺术家身上。弗洛伊德本人立刻用行动显示出这种可能性，因为在《图腾和禁忌》之后，他立刻又推出了另一篇论文《米开朗基罗创作的摩西》。

弗洛伊德首次罗马之行的第四天，去参观了温科里的圣派特洛教堂，站在米开朗基罗所刻的巨大的雕像前。那个雕像是为装饰教皇朱里亚斯二世的陵墓而雕刻的，尚未完成。维也纳的艺术学院有那个雕像的复制品。弗洛伊德很可能早已把自己比拟为摩西，并作了研究。他写了一张纪念明信片给玛莎，透露出他的感觉：

“我沉思米开朗基罗的意图，已经了解那雕像的意义。”

米开朗基罗刻画出一个愤怒的摩西，把他刚从西奈山上领到的十诫摔破。大多数的评论家推测，摩西将刻着十诫的石板摔破，是因为他下山后第一眼就看见以色列人围绕着金牛犊偶像跳舞。但是，弗洛伊德的看法却截然不同，他写道：“我们眼见的是动作发生后的静止状态，而非要发作时的暴烈动作。摩西在怒不可遏想要发作时，跳起来报复。但是他已克服了试探，他应该是镇定地坐着，他的怒气已经冰冻，他的苦痛和耻辱混合在一起。”

《米开朗基罗创作的摩西》有许多地方影射了弗洛伊德本人。这篇论文写作时正是他和荣格决裂的最后阶段，而对于已经认同摩西的弗洛伊德来说，他很容易相信，米开朗基罗透视的摩西将成为一个他必须效法的模范；他必须忍住他想发作到“背叛者”阿德勒、史铁喀尔和荣格等一帮人的怒气，虽然他们像以色列人一样，“卑鄙地背叛”了他们的领袖。一年前，当他和荣格的战争正在进行时，他曾经写信给友人法兰克基说：“目前在维也纳的情况，使我觉得我像极了历史上的摩西。”

弗洛伊德还竭力主张莎士比亚笔下的“哈姆雷特”受到“恋母情结”困扰。哈姆雷特能做任何事，就是不能向杀了他父亲、抢夺他母亲的人报仇，因为他在那个人身上，看到自己幼年时代被抑制的希望实现了。因此，原来那种不断驱策他去报复的憎恶，被他内心的自我谴责、良心的踌躇所取代。它们提醒他，他自己并不比他要去惩罚的人好多少。

弗洛伊德老实承认：“钻研心理传记的基础，事实上是建筑在模糊的痕迹和微小的记号上。”这不啻是警告大家，当精神分析家涉足于高度技术性的艺术批评或传记方面时，就特别容易愚弄自己。他比自己的一些追随者更清楚这个危险，几年后还特别强调。

但是，弗洛伊德仍然很不情愿

米开朗基罗的摩西雕像

放弃他的“哈姆雷特理论”，因此在他写于1924年的短短的自传中，仍重复其在戏剧中的“恋母情结”观念。他认为莎士比亚是在父亲死了以后，才写了《哈姆雷特》的。

他的“哈姆雷特之形成”理论，是他对于莎士比亚的其他作品作精神分析的试金石，同时也使他相信，精神分析也是了解其他作者创作动机的试金石。

研究莎士比亚的学者伊凡斯说：“根据定义，一位精神分析家，需要比戏剧家更可以或更应该提供出无限多的证据。”

但是，弗洛伊德的“哈姆雷特的恋母情结理论”所引起的争论，仍然如火如荼地持续着。而这股以精神分析探讨文学、艺术的潮流，也依旧年复一年地进行着。这是第一次世界大战时，精神分析主义的前景被急剧地改革后，用精神分析解释戏剧和小说潮流发展的结果。

知识链接

荣格与弗洛伊德

荣格因为弗洛伊德的《梦的解析》而对其充满崇敬之情。荣格称《梦的解析》乃“划时代之作……，此书是……使人顿开茅塞的启迪之源”。当时精神分析还未能被社会所接受，有关的研究与言论还在经受各方的责备与抨击。1906年，荣格撰写文章公开为弗洛伊德进行辩护。在1907年首次见面之后，两人之间开始了密切的交往。对弗洛伊德来说，在他的所有追随者中，荣格亦是他最为厚爱并且器重的人。

两人虽都确信压抑之存在，但就压抑的内涵而言，两人看法却并不相同。弗洛伊德认为压抑的内涵是一种潜在的性动力或性经验。而荣格却力图对性动力的范围加以限制和界说，对他而言“在一些病例中，性问题并不是致病的绝对重要的因素，只起着附加的、次要的作用”。

随着学术水平的提高，荣格认为弗洛伊德的性理论太狭隘了，他还认为导致病因学意义上的冲突主要发生在现在，而不是弗洛伊德所强调的是在过去。对此，弗洛伊德没有重新审视自己的理论而是迫不及待地想在荣格面前维护自己的绝对权威。理论上的分歧和性格上的冲突最终导致了两个人的决裂。

知识链接

莎士比亚

威廉·莎士比亚（1564—1616）是文艺复兴时期英国及欧洲最重要的作家。他出生于英格兰中部斯特拉福镇的一个商人家庭。少年时代曾在当地文法学校接受基础教育，学习拉丁文、哲学和历史等，接触过古罗马剧作家的作品。后因家道中落，辍学谋生。莎士比亚幼年时，常有著名剧团来乡间巡回演出，培养了他对戏剧的爱好。1585年前后，他离开家乡去伦敦，先在剧院打杂，后来当上一名演员，进而改编和编写剧本。莎士比亚除了参加演出和编剧，还广泛接触社会，常常随剧团出入宫廷或来到乡间。这些经历扩大了他的视野，为他的创作打下了基础。

莎士比亚的作品从生活真实出发，深刻地反映了时代风貌和社会本质。他认为，戏剧“仿佛要给自然照一面镜子：给德行看一看自己的面貌，给荒唐看一看自己的姿态，给时代和社会看一看自己的形象和印记”。马克思、恩格斯将莎士比亚推崇为现实主义的经典作家，提出戏剧创作应该更加“莎士比亚化”。这是针对戏剧创作中存在的“把个人变成时代精神的单纯的传声筒”的缺点而提出的创作原则。所谓“莎士比亚化”，就是要求作家像莎士比亚那样，善于从生活真实出发，展示广阔的社会背

莎士比亚塑像

景，给作品中的人物和事件提供富有时代特点的典型环境；作品的情节应该生动、丰富，人物应该有鲜明个性，同时具有典型意义；作品中现实主义的刻画和浪漫主义的氛围要巧妙结合；语言要丰富，富有表现力；作家的倾向要在情节和人物的描述中隐蔽而自然地流露出来。

米开朗基罗

米开朗基罗·博那罗蒂（1475—1564），意大利文艺复兴时期伟大的绘画家、雕塑家和建筑师，文艺复兴时期雕塑艺术最高峰的代表。1475年3月6日生于佛罗伦萨附近的卡普莱斯，父亲是奎奇市和卡普莱斯市的自治市长。他十三岁进入佛罗伦萨画家基尔兰达约的工作室，后转入圣马可修道院的美第奇学院当学徒。1496年，米开朗基罗来到罗马，创作了第一批代表作《酒神巴库斯》和《哀悼基督》等。1501年，他回到佛罗伦萨，用了四年时间完成了举世闻名的《大卫》。1505年在罗马，他奉教皇尤里乌斯二世之命负责建造教皇的陵墓，1506年停工后回到佛罗伦萨。1508年，他又奉命回到罗马，用了四年零五个月的时间完成了著名的西斯廷教堂天顶壁画。1513年，教皇陵墓恢复施工，米开朗基罗创作了著名的《摩西》《被缚的奴隶》和《垂死的奴隶》。1519—1534年，他在佛罗伦萨创作了他生平最伟大的作品——圣洛伦佐教堂里的美第奇家族陵墓群雕。1536年，米开朗基罗回到罗马西斯廷教堂，用了近六年的时间创作了伟大的教堂壁画《末日审判》。之后他一直生活在罗马，从事雕刻、建筑和少量的绘画工作，直到1564年2月18日逝世于自己的工作室中。

米开朗基罗代表了欧洲文艺复兴时期雕塑艺术的最高峰，他创作的人物雕像雄伟健壮，气魄宏大，充满了无穷的力量。他的大量作品显示了写实基础上非同寻常的理想加工，成为整个时代的典型象征。他的艺术创作受到很深的人文主义思想和宗教改革运动的影响，常常以现实主义的手法和浪漫主义的幻想，表现当时市民阶层的爱国主义和为自由而斗争的精神面貌。米开朗基罗的艺术不同于达·芬奇的充满科学的精神和哲理的思考，而是在艺术作品中倾注了自己满腔悲剧性的激情。这种悲剧性是以宏伟壮丽的形式表现出来的，他所塑造的英雄既是理想的象征又是现实的反映。这些都使他的艺术创作成为西方美术史上一座难以逾越的高峰。

哈姆雷特

哈姆雷特是莎士比亚剧本《哈姆雷特》的主人公。

哈姆雷特王子是突然驾崩的丹麦王哈姆雷特与王后葛楚德的儿子。葛楚德在丈夫死后不久就与小叔、继承王位的克洛帝阿斯结婚，而这对哈姆雷特来说比父亲去世更难以忍受。就在这时，他的父亲的灵魂出现了，道出了克洛帝阿斯谋害了他的事，并命令他的儿子哈姆雷特向叔父报仇，对母亲的处置则交给上天来惩罚。

感性敏锐的哈姆雷特用他那强而聪慧的思考力揣测——这个奇遇可能是魔鬼意图蛊惑他，所以，一直犹豫不决到底是要报仇还是不要。他为了避免他的叔父对他的心思产生怀疑，开始装疯卖傻，连心爱的欧菲丽亚也不认识了，正好这时有一个剧团进城来表演，他便着手写了揭露他叔父罪状的剧本，让他们上演。当克洛帝阿斯看了这出戏后，脸色大变，从大厅跑了出去。这时，哈姆雷特看到他心虚跪地祷告的叔父时，心中的疑惑一扫而空，确信了父亲的灵魂所言属实。后来，王后奉国王旨意叫他进宫，他很伤心地责备他的母亲，误杀了布帘后偷听的欧菲丽亚的父亲——勒罗地阿斯。克洛帝阿斯把哈姆雷特送到了英国，暗中拜托英王杀了他。欧菲丽亚遭失恋之苦加上父亲无辜丧命，终于精神崩溃，坠入水中溺死了，而她的哥哥——雷阿地斯想为父报仇，从法国奔了回来，不料被克洛帝阿斯利用，与哈姆雷特誓不两立。而哈姆雷特并没有中计，从往英国的航行途中折回，回到丹麦正好遇见欧菲丽亚的葬礼，心中大感悲伤。这时，克洛帝阿斯抓住了这个千载难逢的机会，安排了一个剑术比赛。雷阿地斯用一把尖端没有皮套的毒剑伤了哈姆雷特；哈姆雷特剑术超他一等，终于击败了雷阿地斯，在临死前，雷阿地斯道出了克洛帝阿斯的阴谋。

真相暴露后，王后慌乱中饮鸩——克洛帝阿斯为哈姆雷特准备的毒酒而亡。哈姆雷特杀了克洛帝阿斯，并要他喝下毒酒，阻止了哈姆雷特的好友赫雷休手中正要仰头饮下的鸩毒，在这时，他却因中了雷阿地斯的剑毒，发作身死。

一战使精神分析声誉大增

第一次世界大战爆发的时间，与荣格的瑞士派人士从弗洛伊德的阵营中分裂出来的时间几乎相吻合，这两件事都对精神分析的发展有重大的影响。

大战中的那几年，欧洲大陆国家、英国、美国，还有最反对弗洛伊德的人，都很难忽视一个问题：数以千万计从战场负伤下来的士兵们，大都患上了精神崩溃症。当时人们对此有个特别的名称，叫作“炸弹惊骇症”。这种症状不仅可以用精神分

※带着防毒面具参加“一战”的士兵，他们会在战争中留下心灵创伤

析的治疗法减轻，而且还可借此证实某些精神分析理论的假设。到了1918年，不论是协约国，还是同盟国，都已经用精神分析治疗军队医院中的病患了。

而在1914年夏天，弗洛伊德尚未与荣格决裂并筹备着在德勒斯登举行国际精神分析大会时，并没有预见到这些发展。

8月初，弗洛伊德被迫承认：一场世界大战正在酝酿中。不过他认为那是强加于不得已的奥地利和德国的战争，而且这战争会在不太骚扰平常生活的情况下成功地结束。8月2日，他写信给在维也纳的大女儿玛西黛，告诉她，他和玛莎想在温泉区多待些时候，但是军事的动员使他无法出外旅行。

有好几个星期，弗洛伊德几乎不知如何是好。他不愿意在正常休假完毕以前重新执业。他列出他所搜集的古玩清单，而且为仍然追随他的兰克的图书馆编目录。9月，他去探望在汉堡的女儿苏菲，到柏林访问弟子卡尔·亚伯拉罕，然后回到维也纳开始工作。10月时，他只有两个病人，到了11月只剩下一个了。他终于开始严肃地思考起大战的意义。

从表面上看来，在大战的最初几个月里，弗洛伊德不知何去何从，但事实上，他集中精力于他的工作，而且特别卖力。1915年初，在六个星期里，他完成了五篇重要的论文，接着用同样的时间又完成了另外五篇。

成立于1911年的美国精神分析学会，不接受外行成为正式的会员，而且不论会员的医学资历如何，一律要求他们接受严格的训练，然后才可以成为执业的精神分析师。其他组织的做法大致相同。但是这种做法充其量只能防止对精神分析功能的曲解的散播。

弗洛伊德所预言的庸医骗人行为真的发生了，使他遭到各方面甚至精神分析师的攻击。有人曾经说："当弗洛伊德的声誉日增时，别人恶意地把他的理论与瑜伽术、神圣的治疗、动物吸引力和整骨疗法等归为同类。有一本在1912年出版的教科书，把心理治疗放在"招魂术和通灵术"的章节里，评论它说：'可能借着启示，有些实用主义的价值，但是却没有科学的根据。另一位心理学家则强调，治疗的成功并不能测验理论的正确性。'"

只有一些比较通俗的杂志（大多数在政治上保持中庸立场者，以及受过教育的外行人，期望在这些杂志上面得到精神分析之类的消息）成功地保持着不偏不倚的报

※第一次世界大战场景

道态度。既不随便赞美，也不作骇人听闻的谴责。其中之一是《纽约时报》。当1914年秋天《日常生活的精神病理学》的译文出现在美国时，它以半页的篇幅，做了客观的报道。

1915年初，长期血战的迹象日益明显，英国人即使没有充足的理由，也可以找到许多借口，谴责弗洛伊德只是另一个“长久使我们受损的德国教授团的家伙”。如果不是大战前夕有一小群支持精神分析的人仗义执言，这些攻击将会产生很大的力量。这一群支持者中间，最有名的当然是恩斯特·钟士，他1922年时由加拿大返回英国，开始在伦敦执业。

创立伦敦精神分析学会，只是钟士在英国推广精神分析的最重要项目。不久，他向皇家医药学会精神病学组发表演讲，受到热烈欢迎。第二年，弗洛伊德的“遗忘理论”讨论会在达拉莫的心理学家与哲学家联合会上举行，而偶尔在医学刊物上登载精神分析论文，已不再引起人们震撼惊奇了。

如此，在大战爆发以前，英国已有一群支持弗洛伊德的人。虽人数少，却坚决地在英国建立起了“桥头堡”。布列尔翻译的《日常生活的精神病理学》在大战期间的第一个冬天出现于英国。

当却尔斯·马西尔反对在战时使用精神分析时，被医药心理协会的会长断然拒绝了，原因是这个主题将不会被人们认真看待。会长还埋怨道：“当然，弗洛伊德和荣格等人的卑劣教条，在英国精神病学家的教学和著作中，都没有得到什么支持，是众所皆知的。”但是，尽管精神分析只受到极少数人支持，仍有些人感到受不了。几天后，一些“卫道士”在《英国医学杂志》的专栏中问：“大家是否知道，精神分析家们在我们的军医院中的疯人病房做有害的工作！”

在维也纳，精神分析学会的聚会因大战爆发而搁置了，后来虽然恢复，却每三个星期才举行一次。弗洛伊德的诊所生意没有起色，他像许多维也纳的中产阶级一样，面临收入减少、物价上涨的双重压力。他的三子恩斯特跟长子马丁一起从军；而奥利佛因为体格欠佳不能服役，而参与了一连串的机械工程。弗洛伊德写信给亚伯拉罕说："我现在好像在北极圈的长夜里，正焦急地等待太阳升起。"

太阳终于在几个星期后升起了。弗洛伊德开始写一连串的论文，并以前所未有的速度完成了。第一篇是《对当代战争与死亡的沉思》，第二篇是《我们对死亡的态度》，于1915年4月首次发表。

这两篇为《影像》杂志所写的文章完成后，弗洛伊德立刻从事起一项雄心勃勃的工作：将十几篇论文集成一本书，取名《超心理学绪论》。"超心理学"这个观念，是他首先使用的。他曾向弗莱斯解释那是"引导至意识背面的心理

※维也纳著名建筑——美泉宫

学”。多年来，它的意义已经扩大到可以在科学中称为“一般理论”了。但是，弗洛伊德特别用这个词形容精神现象与精神器官及所牵涉的本能以及在器官中产生能量分配的关系。

书中头两篇论文是《本能和它们的变化》以及《压抑》，集中在三个星期内完成。第三篇《潜意识》花的时间不超过三星期，阐述了弗洛伊德建立整个精神分析的中心思想。接下去是《梦的理论的超心理补充》和《哀悼与忧郁症》。

这五篇超心理学的论文完成后，弗洛伊德开始准备他在大学的定期讲课。讲授时间是1915年10月和翌年3月，对象包括医生和其他科系的教授们。这次讲课和他在其他大学的演讲不同，他要出版讲义，这样他可以向较广大的群众显示他的思想，并以炉火纯青的方法鼓励他的听众跟从他的说法。

他演讲的前言，已印成《精神分析入门》。他提醒大家，“在目前的环境下，我们不可能……沉着冷静地保持一种科学理论；也不可能避免以一个警告作为开始”。于是，他在开场白中说，在他的听众中，可能有人不满意粗略地了解一点精神分析，而是决定要和它建立更永久的关系。

在一系列的演讲开始前，弗洛伊德特别向听众声明，他将不讨论思想倒错和梦（因为每个人都有个人的经验）而要讨论神经官能症，那是除了听众中的医生外，大多数人都很陌生的一种现象。

《精神分析入门》是弗洛伊德除了《日常生活的精神病理学》之外，拥有最多读者的一部作品，曾被翻译成十七国的文字。

弗洛伊德很清楚，对于外行人来说，这些讲稿清晰地阐述了精神分析，它们也为他带来一大笔财富。但是，1918年3月他的书完成以后，他却比以前更沮丧了。毫无疑问，原因是一到5月他就六十二岁了，他以前认为自己在这个年纪就会死去。他对战争的结果也愈来愈悲观，而且，秋冬来临后，食物和燃料将更加短缺。除了这些物质问题外，他还为国际上的认可与否而担心。

1917年，至少有几件事值得弗洛伊德庆幸：他两个在军中的儿子安然无恙，直到战争结束都是如此。马丁一直在西班牙加里西里和俄国的前线，而恩斯特则在意大利的前线，好几次从鬼门关躲过。弗洛伊德只有一个亲戚阵亡，那是他妹妹罗莎的儿子哈曼格拉夫。他出嫁的女儿玛西黛和小女儿安娜都在维也纳。除了经常想念在前线的马丁和恩斯特外，他主要的家庭问题是很难跟在汉堡的女儿苏菲联络。

到了秋天，生活条件变得更困难，未来唯一能确知的事，就是食物和燃料的短缺。但是，也有几件事情稍微减轻了弗洛伊德的忧郁，那就是有人提名他接受诺贝尔奖。事实上，早在1914年，就有美国心理学家怀特策划提名弗洛伊德，但是后来没了下文，而弗洛伊德本人似乎也不知道有这个计划。现在弗洛伊德的名字被罗伯·贝拉尼提出，此人在1914年获得了诺贝尔生理学或医学奖。

弗洛伊德并没有因贝拉尼的提名而得到诺贝尔奖，以后罗曼·罗兰、阿诺·兹伟克（德国文学家）等人也同样努力过，都没有结果。弗洛伊德告诉弟子亚伯拉罕："我已经两次看见诺贝尔奖从我面前扬长而去。我也已经了解，这种官方的承认根本不适合我的生活方式。"

当1917年的秋天到来时，还有另一个令人鼓舞的小火花：英国人已经占领了耶路撒冷，并且发出《贝尔福宣言》，答应支持犹太人在巴勒斯坦建立家园。弗洛伊德对亚拉伯罕说："这是唯一使我快乐的事情。"

虽然弗洛伊德现在仍深陷于沮丧之中，但精神分析的前途已经渐渐地改善。在美国，哈佛大学的神经病学家詹姆斯·杰克逊·普特南就曾慨叹说："十多年以前，有谁曾梦想过，今天的大学教授们会向男女学生讲授弗洛伊德的理论?科学界人士依赖它们，以探求本能的奥秘；教育家们希望找到训练年轻人的秘诀。"

在医学界，这种改变的原因是医生们现在必须处理渐增的患了"炸弹惊骇症"的伤兵。不错，在以后的战争中，也有许多受战争压力而使人精神崩溃的例子，但是他们的数目与身体受伤或感染疾病的人相比，却微乎其微。现在，在西方前线的持久壕沟战，加上日夜不停的炮火轰炸，使情况急速改变，人们逐渐关切战争所引起的精神病问题。精神病医师被配属到军队医院里，而精神病的病例和外科及内科的病例一样，被详细地研究着。

弗洛伊德一点也不知道精神分析在英国发展的情形，而且很少接触奥国所治疗的"炸弹惊骇症"个案。但是，可能陶斯克等人已经提醒他注意这些现象。

陶斯克是在1915年被征召为陆军的精神病学家，第二年发表了一篇论文，叫作《关于所谓战争精神病的症状学之诊断考虑》。

知识链接

第一次世界大战爆发

第一次世界大战（1914年7月—1918年11月）是一场主要发生在欧洲但波及全世界的世界大战。当时世界上许多国家都卷入了这场战争。

战争过程主要是同盟国和协约国之间的战斗。德意志帝国和奥匈帝国是同盟国，英国、法国、意大利、俄罗斯帝国、塞尔维亚等是协约国。在1914年至1918年期间，很多在亚洲、欧洲和美洲的国家都加入了协约国。战场主要在欧洲。值得注意的是意大利虽开始是同盟国，但是后来英国、法国及俄国与意大利签订密约，承诺给予意大利某些土地，结果意大利加入了协约国对抗同盟国。这场战争是欧洲历史上破坏性最强的战争之一。大约有十五亿人卷入，一千万人失去了生命，两千万人受伤。

战争的导火索是1914年6月的萨拉热窝事件，战线主要分为东线（俄国对德奥作战），西线（英法对德作战）和南线（又称巴尔干战线，塞尔维亚对奥匈帝国作战）。其中西线最惨烈，著名的战役有马恩河战役、凡尔登战役和索姆河战役。

1914年6月28日上午9时，塞尔维亚青年普林西普（当时仅十九岁）在萨拉热窝刺杀主张吞并塞尔维亚的奥匈帝国皇储斐迪南大公夫妇。这一事件被称为萨拉热窝事件，被认为是第一次世界大战的导火线。普林西普的行动是热爱民族的表现，但是刺杀斐迪南的这一萨拉热窝事件被奥匈帝国当作了对塞尔维亚发动战争的口实。1914年7月23奥国在获得德国无条件支持下向塞尔维亚发出最后通牒，包括拘捕凶手、镇压反奥活动和罢免反奥官员等，塞尔维亚除涉及内政项目外悉数同意。不过，奥国依然将行动升级。与此同时，德国知悉俄国的军事动员，德皇要求俄国停止并迅速备战。鉴于各国的强硬外交和对国家军事力量的自骄，战争已无可避免。1914年7月28日，奥匈帝国向塞尔维亚宣战。7月30日俄国动员，出兵援助塞尔维亚。8月1日，德国向俄国宣战。接着在3日，向法国宣战。8月4日，德国入侵保持中立的比利时；同日，英国考虑到比利时对自己国土安全的重要性，和早前为了确保比利时的中立而在1839

年签署的伦敦条约，于是向德国宣战。8月6日，奥匈帝国向俄国宣战。8月12日，英国向奥匈帝国宣战。

在欧洲，考虑用精神分析治疗战争下精神病患者的人不只陶斯克一个。在1918年2月，弗洛伊德收到由恩斯特·锡麦撰写的论文《战争的神经性官能症与心灵创伤》。锡麦是一位德国医生，战争爆发时，被征召到一个野战医院担任医药顾问，不久后采用被认为是革命性的政策，即以客观而公平的态度对待在战斗中受压力而精神崩溃的人，而不是将其视为装病逃避义务的兵士。

※ 弗洛伊德

几个月以前，锡麦曾向德国作战大臣提出一项计划，准备组成一个精神分析机构用以研究神经病源，并免费提供顾问的诊所以及一个可以治疗病人的疗养院。当局似乎没有接受他的建议。但是，德国政府受到了影响，派了一位官方代表，参加由弗洛伊德及他的追随者筹划的定于1918年举行的国际精神分析大会，而奥地利和匈牙利也是如此。

大会本来决定在波兰的布勒斯特举行，但是后来改在匈牙利的首都布达佩斯，时间是9月。值得注意的是，没有瑞士人与会，出席的四十二人中间，有三个荷兰人，三个德国人，其余的则来自风雨飘摇的奥匈帝国。当弗洛伊德知道中央集权官方有兴趣的真正原因时，他一定有许多感慨：精神分析原来的目的是揭开人类思维的神秘面纱和减轻人类的痛苦，而现在却被认为是尽快把人送回战场的一种方式。

一战后精神分析广受关注

第一次世界大战终于结束，也已经把德国的恐怖霸权主义及奥匈帝国的腐败消除殆尽。同时它也破坏了维也纳中产阶级的安全。在许多地方，弗洛伊德可以作中产阶级的代表，他极不情愿地怀疑协约国打的不是一场“圣战”，而且开始相信美国总统威尔逊“十四点原则”（1918年美国总统威尔逊提出的结束第一次世界大战的纲领及战后世界的蓝图）的诺言。大战刚结束时的大混乱使他有很大的觉醒。他仍主张，如果大家对精神分析有

※第一次世界大战中使用的坦克

普遍而较深的了解，可能已经使历史改写了。

1919年4月，奥地利和英国之间恢复了直接而不经政府检查的通信。弗洛伊德也在几天以前收到钟士的一封信，他形容它是“我们笼子的第一个开口”，他们开始讨论精神分析运动的前途。钟士乐观地相信国际性精神分析的大会可望在1919年年底举行，并建议在大会前举行小组会议，讨论提交大会的计划和蓝图。

弗洛伊德收到钟士的信后，抱着审慎的态度，有一点乐观，也有一些悲观。他回信说：“我仍然正直处世，不曾与世俗的无聊事情有任何纠葛。精神分析正在蓬勃发展，我很高兴好消息从各方传来，我深信科学也将为你证明，我们一定会得到收获的快乐。”

经过许多次的磋商后，荷兰的海牙终于被选定为国际大会的召开地点，并决定在1920年9月举行。

海牙的大会相当成功。英国代表团有十五人，德国代表团有十一人。有十六位荷兰的精神分析师，两位美国分析师，还有六十二位会员，其中有奥地利人、匈牙利人、波兰人及瑞士人，他们来自新组成的弗洛伊德的瑞士精神分析学会。

弗洛伊德在大会中演讲“梦的理论之补充”，重申二十年以前，他主张“梦代表希望实现”的说法。此外，他更进一步地说，人类还有“惩罚的梦”（在某些方面可被认为是自我的希望实现）以及“创伤的梦”。

海牙大会结束后，弗洛伊德打算和女儿安娜去英国。他希望去看望他在曼彻斯特的亲戚以及拜访剑桥大学。但是，第一个障碍是安娜的签证没有及时寄到。然后，当他打算单独前往时，一位在柏林的亲戚因为心脏病去世。他必须去柏林吊丧，只好很难过地放弃此行。

弗洛伊德从海牙大会回来时，发现有一大堆信件和病人等他去处理，他的每一分钟都被占据。

同时，大战结束后的几年中，弗洛伊德发现，世界各地的人们对精神分析的兴趣日益增长。在维也纳，大约二十年前就开始的“周三学会”，现在又一次繁荣滋长起来，成为国际性协会的维也纳分会，也吸引了许多新的会员。其中有一位威廉·里克，是刚出道的奥地利医生。弗洛伊德不能接受的是，里克把马克思主义和精神分析搅和在一起，认为死亡是资本主义制度的直接结果。

当弗洛伊德正在为振兴国际精神分析协会维也纳分会而努力时，

※一战后的美国

英国也开始重组精神分析机构。大战期间，伦敦精神分析学会中的一些具有影响力的会员，却投入荣格的怀抱。1919年2月，钟士计划“整肃”英国组织中的“荣格派”会员，受到弗洛伊德的赞许，于是解散伦敦学会，组织了英国精神分析学会。

然而，美国的情况特别令人惊异。那里尽管有普特南支持弗洛伊德，钟士也曾孜孜不倦地宣扬弗洛伊德的见解，在某些医学会议里，精神分析被认真地讨论着。但是，对于大多数的美国精神病医生来说，精神分析仍然只是“厕所中的俏皮话或茶余饭后兴起的主题”。

除了拒绝认真考虑精神分析的怀疑者外，还有“变节脱逃”的人。其中有名的是撒母耳·邓南伯医生。他自1912年起，就是执业的精神病医生。

1922年初，邓南伯宣布他的看法：“在我的经验里，没有弗洛伊德的那些解释，所谓神经质因若用支配人类生活的其他本能来解释，病人也可以治愈。性对于所有的神经质因并没有因果关系。神经质是由于个人与现实及世界的冲突而引起的，与他的爱情生活风马牛不相及。”

邓南伯说：“现在，人们如果在别的行业不能谋生，就转行当精神分析师。”他总结道：“精神分析是一种伪科学，就像手相术、笔迹学和骨相学一样。”

20世纪20年代早期，在美国精神治疗界里，医生们对精神分析并

不重视，甚至于在学术气氛比较浓厚的圈子里，弗洛伊德也不一定能得到他预期的认可。在英国，一般人的态度表现于罗斯·马考莱的小说《危险时代》里。书中的主人翁说：“弗洛伊德主义能奇妙地治疗疾病——不管是炸弹震骇症、失眠症、神经沮丧、腰部风湿痛、自杀狂等，全都有效。”

汤玛斯说：“如果能以军事术语形容，我想说，弗洛伊德的理论代表对潜意识的一种总攻势，但是，作为一个艺术家，我必须承认，我根本不满意弗洛伊德的观念。相反地，我觉得我被他折磨得烦躁不安、不成人形。艺术家被弗洛伊德的观念透视得无可遁形，严重地破坏了他们创作艺术的秘密。”

面临着英国和其他地方的种种反对浪潮，钟士不屈不挠地向前推进。他经常对医学界演讲，为精神分析研究院（在1924年成立）铺路，贡献出他全部的才智和精力，支持弗洛伊德主义。

在英国和美国，对精神分析的讨论集中于它对医学界的实用价值以及它对“性”的强调上是否有依据。但是在欧洲大陆，精神分析方法却经常应用到和治疗没有关联的地方。

许多作家和艺术家的作品，或多或少都受到大家逐渐知道的潜意识的影响。但他们的反应是，避免和弗洛伊德牵扯在一起。

尽管受到“时代文学的补充”的影射，可是许多作者仍不愿承认潜意识是他们作品的主要源泉。这种犹豫是很容易理解的。精神分析有一个大前提，那就是：“本能的生命和想象的生命有密切的关联；而且，一个在治疗中放弃神经质原的病人，和在创作中使感情升华的艺术家有相似之处。”职业的作家们多半对于这种视创作是“主观的逃避，而非客观的创造现实”的看法愤愤不平。

作家们的另外一种沮丧极可能来自《精神分析国际会刊》的过度夸张。那份刊物在大战后迅速发行，原则上应由弗洛伊德指挥，但是为了某些实际的目标，却受钟士的控制。一开始，会刊内容以非医学的论文为主。第一篇大幅的论文是《谈亨利八世的性格和婚姻生活》，接着还分析莎士比亚的悲剧《麦克白》和《威尼斯商人》。詹姆士·塔斯勒说：“要归功于精神分析的，不仅心理学而已，还包括了所有邻近的学科，如人类学、民俗学、宗教经济学、社会学、历史学，甚至于文学批评、政治学和传记等等。”

“死亡本能说”的提出

尽管精神分析的锋芒太露，又有庸医和江湖骗子的利用，但它在20世纪20年代早期，仍然巩固了在第一次世界大战末期开始得到的基地。

执业的医生和病人每年都在增加，尤其是在美国和英国，因为在这两国中精神分析的地位高过大多数欧洲大陆国家。精神分析用作研究的工具，可以有助于解决文学上、传记上或历史上的谜团，尽管有时候因为使用人的经验不够而遭人非议。

美国克拉克大学，弗洛伊德曾在此举办过讲座

弗洛伊德所说的潜在威胁来自“新弗洛伊德”的搅和。他们是一些精神分析师，但不像阿德勒、荣格，他们虽然接受基本的弗洛伊德原则，但是却强调弗洛伊德不太重视的一些因素，而使学说的本来面貌被改变。

1920年初，弗洛伊德终于在维也纳大学当上了正教授，但那并不是使他位于真正职员行列的任命，

奥地利人仍然不给他正式的认可；因此当别人提醒他，他的名声已经远远越过疆界时，他会说："除非先得到国内的承认，否则那是不可能的。"他所申报的所得税受到税捐局的怀疑，因为他的名声已吸引来自国外可以付得起高诊费的病人。他认为这表示维也纳官方已承认他的工作。

自从弗洛伊德三十多年前搬到公寓，家中的陈设一直没有多大的改变。候诊室仍然摆着1880年鲜红色厚绒布的椅子，镶了镜框的证书仍然挂在墙上，旁边的桌上放着几十年来搜集的雕像、古玩和艺术品。

在这个完全沉陷于临床奥秘及精神分析理论的人冷漠和稍带忧郁的外表下，却有着浓厚的情感。他在1921年12月写信给在伦敦的撒母耳，为自己很久没有写信感到抱歉，他写道：

> 我现在正赚外国病人的钱，我甚至已经成功地重新得到一部分我在大战中损失的钱。只要我能继续工作，我想一定可以免除经济窘困。
>
> 没有大的不幸发生。明娜阿姨三周前在街上摔倒，她的右手腕骨折，但是并不严重。安娜非常健康，大家都喜欢她，可惜她现在已二十六岁（昨天刚过生日）仍然没有出嫁。玛莎和我都已渐渐觉得岁月不饶人了。马丁得到令人崇敬的地位，他的小孩长得很好。
>
> 你将从报纸上知道我们这里的一般情形。老母亲生活得很愉快，大概因为她起居正常和常运动的关系吧！我很高兴你的母亲也很好。
>
> 我诚挚地祝福你们大家，多联络。
>
> 西格蒙德上

美国人对弗洛伊德的经济状况颇有影响。他坦白地对撒母耳说："我依赖外国的病人和学者，因为如果单靠奥国人的诊费，是不够过活的。到这个月底，我有四个病人（两个美国人和两个英国人）要走，因此我将有一段较空闲却较穷的日子。"

来访的客人中，有些是病人，但有更多是来接受训练的。弗洛伊德对英文的良好理解力，并不能帮他听懂客人们各式各样的美国口音，这让他颇感困难。他写信给亚伯拉罕说："每天九节的精神分析课成为我极大的负担，因为其中有五节要用英文讲。我惊讶地发现，听英语要绞尽脑汁！"

遇到真正对精神分析及其前途有兴趣的美国人时，弗洛伊德甚至愿意牺牲他平常不容改变的假日。有一次，他花了一整个下午，与贝德格斯坦和杰利佛讨论了许多精神分析的问题。杰利佛叙述道：“我们有许多没有精确讨论到的地方，但是弗洛伊德很健谈，分析事理时很明晰敏锐。他说，他不了解柏格森……至于阿德勒，他说他没有什么用处。他称荣格最近的材料（特别是梦的未来功能）为‘垃圾’。”

在大战结束后的那几年里，弗洛伊德再一次把精神分析放在国际的大舞台上，并努力阻止人们无节制地滥用。同时，他又把精力放在始于战时的“超心理学”研究上。

他于1919年春天开始这项工作。他写信给法兰克基说：“我现在所说的，很多都相当晦涩，读者们必须多用脑筋去思索。但是我仍希望你会对它们感兴趣。”他初步完成论文后，觉得不满意，又进行了改写。1920年夏天正式对维也纳学会宣读草稿，12月出版问世。

知识链接

亨利·柏格森（1859—1941），1859年10月18日出生于巴黎，父母均为犹太人。他从中学时代起便对哲学、心理学、生物学产生浓厚兴趣，尤其酷爱文学。他的“创化论”之说，强调创造与进化并不相斥，因为宇宙是一个“生命冲力”在运作，一切都是有活力的。他反对科学上的机械论及心理学上的决定论与理想主义。他认为人的生命是意识之流，是一个整体，不可分割成因果关系的小单位。他对道德与宗教的看法，主张超越僵化的形式与教条，走向主体的生命活力与普遍之爱。1927年，“为了表彰其丰富而生气勃勃的思想和表述的卓越技巧”，他被授予诺贝尔文学奖。瑞典文学院高度评价了柏格森的生命哲学在批判传统哲学的理性主义机械论和决定论，解放人类思想方面的巨大意义，认为《创造的进化》是“一篇震撼人心的雄伟诗篇，一个含蕴不竭之力与驰骋天际之灵感的宇宙论”，“他亲身穿过理性主义的华盖，开辟了一条通路。由此通路，柏格森打开了大门，解放了具有无比效力的创造推进力……向理想主义敞开了广阔无边的空间领域”。

这篇论文叫作《超越快乐原则》，他在文中提出一个试验性质的理论，论文开始时他重复以前的信念，认为精神事件是以快乐原则为规律的。也就是说，相信那些事件的过程由一种使人不快的紧张促动，而它的目的是降低那种紧张而产生快乐。

弗洛伊德又说，“本能”是存在于有机生命中的一种欲动，在外来干扰力量的压力下，生物体势必放弃“本能”。也就是说，本能是一种有机体的弹性，或者可以说是存在于有机体生命的惯性的表达。

弗洛伊德又勾画出“死亡本能”，说它在个人身上包含着以毁灭、死亡或避免刺激为目标的冲动。

弗洛伊德的“死亡本能说”几乎和“恋母情结”一样，引起了许多争论，而他此时又开始草拟一个他认为“观念简单，将视为群众心理学扎根的精神分析基础”的论文，名叫《群众心理学与自我分析》。

弗洛伊德解释：个人依附于团体（不论这团体是一群足球迷、军队还是国家）代表比较原始的忠诚延伸，也就是对于家庭或图腾时

※ 弗洛伊德认为通过催眠回忆后，不良情绪发泄了，病就痊愈了

爱因斯坦蜡像

期对于酋长的忠诚的延伸。他说："团体中的领袖仍然是可畏的父亲，团体仍然希望被无限制的力量所统治，仍然热情地崇拜权威，原始的父亲是团体中的理想。"

再者，弗洛伊德正要改变"自我"本身的重要性，而把它牢牢地放在新的观念架构上。这个新观念架构认为：三个精神因子——"自我""本我"和"超我"的交互作用，控制了所有精神生活的活动。

弗洛伊德在战时及1923年之间发展的这个心灵思维的结构理论，在本质上，比他以前的理论更难证明，因为传统的科学方法只能够用来研究那些可以精确观察到的东西。对于"本我""自我"和"超我"而言，神经病理学的研究可能有一天能提供这个证据，但是那日子还没有来临。

1923年，弗洛伊德以试验的名义推出他的新理论。在这种情形下，他已经放弃了早先"我们拥有真理"的狂傲自大，而较接近爱因斯坦的结论："科学家永远不能希望达到真理，仅能较接近真理而已。"但是他已经成功地表达了他对于人类思维的新观念，而且不急着去观察它们的命运。

安静地去世

1938年10月里，弗洛伊德写信给一位朋友，说道："我已经安然度过另一个经常性的手术，又能工作了。"他正为自己已经逃过了"条顿民族（条顿民族指日耳曼人及其后裔，这里指当时希特勒掌权的德国政府）的疯狂"而高兴，正"等待目前还没有来的病人们"。不久以后，他又每天主持四节精神分析课。

年后，他的身体有了变化。1939年1月中旬，另一个肿瘤出现在他的口腔深处。舒尔医生写道："起先，它看起来像另一个骨疽，但是不久以后，这个组织被破坏的情形显得异常严重。医生们对弗洛伊德病情发展的严重程度有分歧，他们不能确切地控制住它。1939年2月底，巴黎居里机构的拉卡沙尼博士抵达伦敦，指导我们施行放射线治疗，同时还做了许多试验。结果让人叹息，癌症又回来了，它的位置使我们无法动手术。到了

※弗洛伊德安眠于伦敦，这里浓厚的学术氛围或许会让另一世界的他继续自己的研究

1939年3月，我们都知道，我们最大的希望只是设法减轻他的痛苦。”

弗洛伊德还剩下六个月左右的时间。他坚忍着面对命运而拒绝服用可以减轻疼痛的药物，直到死前的几个星期他还为几个病人进行精神分析。

1939年4月，舒尔医生必须离开英国，到美国办理移民手续。这时候，弗洛伊德已经不能照顾自己了。他写信告诉希腊公主波娜帕特：“我很希望有办法缩短这个残酷的过程。”但是他仍拒绝放弃，两个月后他写了一封信给威尔斯，信中还乐观地描述他的远景，并提议再来一次茶会。

但是，舒尔医生1939年7月里回到英国时，发现他的病人的身体更加衰弱了。更令人难过的是，弗洛伊德的精神已经冷漠木讷。弗洛伊德现在一直住在底层的房间里，外面就是花园。太太玛莎仍然和往常一样，用全副精力将家务治理得井井有条；安娜现在则昼夜不停地服侍在床头。

1939年8月，弗洛伊德开始一蹶不振。亲戚和朋友们都纷纷前来做最后的探望。1939年8月12日，准备前往美国的侄儿哈里向弗洛伊德告别并说：“回来过圣诞节时，会再来看您。”弗洛伊德苦笑着说道：“你回来时，一定再也看不到我了！”

1939年9月，弗洛伊德的病情继续恶化，进食和睡眠变得更加困难。21日早晨，舒尔医生坐在他床边时，弗洛伊德对他说：“我亲爱的舒尔，你一定记得我们第一次的谈话，那时候你曾答应我，当我的死期来临时，你不会抛弃我。现在只有折磨，一点儿都没有意义！”

舒尔医生当然没有忘记。弗洛伊德谢谢他，并且说：“请你告诉安娜这件事。”话语中没有一丝自怜的感情。

舒尔医生写道：“当他又陷入痛苦时，我为他在皮下注射了两毫克的吗啡。他马上感到了一种前所未有的解脱，并安静地睡着了，痛苦的表情也消失了。过了大约十二小时，我又为他打了一针。弗洛伊德显然已经精疲力竭，陷入弥留状态，从此再也没有醒过来。他死于1939年9月23日凌晨3点钟。”他走完了八十三年的人生路程。

接下来的追悼现场，热烈异常，虽然当时全世界正陷于历史上最残酷的战争烽火中。在美国，1939年11月的《美国社会学会刊》以全部篇幅登载并评论弗洛伊德的那些具有影响力的文章。别的报纸杂志上，赞美的言辞和关于他生平的介绍也比前几年多得多。